과학선생님이 들려주는

환경파괴로 사라지는 곤충들

이광렬 편저

머리말

    오늘날 지구상에서 살아가고 있는 동식물 중 약 70%가 곤충입니다. 이처럼 수많은 곤충들 중에는 모기나 파리처럼 사람들에게 많은 해를 끼치는 곤충도 있지만, 달콤한 꿀을 주는 꿀벌이나 여름철 우리를 괴롭히는 모기를 없애주는 잠자리처럼 사람에게 이로운 곤충도 있습니다.

    곤충은 비록 몸집은 작지만 인간에게 생각보다 큰 영향을 미치고 있습니다. 우리가 먹는 식량의 약 80%는 곤충들의 가루받이에 의해서 만들어집니다. 이는 채소에 국한된 이야기가 아닙니다. 왜냐하면 소나 돼지들이 먹는 풀도 가루받이를 통해 자라고, 그 풀을 먹고 자란 소와 돼지 등을 인간이 먹기 때문입니다.

    그런데 만약 환경이 오염되어 곤충들의 숫자가 줄어들게 되면 식물들은 가루받이를 제대로 할 수 없게 되므로 식량이 부족해져 인류는 크나큰 위기를 맞게 될 것이라고 학자들은 말하고 있습니다.

    따라서 우리는 곤충들이 더 이상 사라지지 않도록 그들이 마음 놓고 신나게 살아갈 환경을 만들어 주어야 하겠습니다.

이광렬 씀

차 례

제1장 곤충들의 일반적인 생활과 모습

1 곤충은 어떻게 생겼을까요? • 10

2 곤충은 어디에 살까요? • 16

3 곤충이 하는 일은 무엇일까요? • 18

4 곤충은 어떻게 겨울을 날까요? • 20

5 곤충은 왜 점점 사라져 갈까요? • 24

6 곤충을 먹을 수 있나요? • 26

7 곤충의 멸종을 막기 위해 우리는 어떻게 해야 할까요? • 30

쉬어가는 자리 • 32

제2장 점차 사라지고 있는 곤충들

1. 꿀벌은 어떻게 살아갈까요? • 36
2. 꿀벌은 우리에게 무엇을 줄까요? • 39
3. 친근한 쇠똥구리가 왜 우리 곁에서 떠나갈까요? • 45
4. 요즘은 왜 반딧불이를 볼 수 없을까요? • 49
5. 환경오염은 꼬마잠자리에게 어떤 영향을 미쳤을까요? • 54
6. 붉은점모시나비는 왜 이사를 갔을까요? • 58
7. 해충인 장수하늘소는 왜 천연기념물로 지정되었을까요? • 63
8. 두점박이사슴벌레를 보호하기 위해서 어떻게 해야 할까요? • 67
9. 비단벌레는 왜 공예 장식으로 쓰였을까요? • 71
10. 산굴뚝나비는 어떻게 제주도에서만 살게 되었을까요? • 75

11 주홍길앞잡이가 멸종 위기종에서 해제된 이유는 무엇일까요? • 79

12 수염풍뎅이는 왜 살 곳을 잃어버리게 되었을까요? • 83

13 상제나비는 어디서 어떻게 살아갈까요? • 87

14 대모잠자리가 살아가기에 좋은 장소는 어디일까요? • 91

15 닻무늬길앞잡이는 왜 사라지게 되었을까요? • 95

16 깊은산부전나비는 왜 쉽게 보기 힘들까요? • 99

17 노란잔산잠자리는 언제 마지막으로 관찰되었을까요? • 104

18 멋조롱박딱정벌레를 보호하기 위해서 무엇을 할 수 있을까요? • 109

19 큰홍띠점박이푸른부전나비는 왜 점점 보기 힘들어질까요? • 113

20 최근 왕은점표범나비를 보기 힘들어진 이유는 무엇일까요? • 117

21 큰자색호랑꽃무지가 천적을 피하는 방법은 무엇일까요? • 121

쉬어가는 자리 • 124

제3장 지구상에서 살아가는 특이한 곤충들

1 사람을 가장 많이 죽이는 곤충은 무엇일까요? • 130
2 가장 아름다운 곤충은 무엇일까요? • 134
3 독침을 가진 위험한 곤충은 무엇일까요? • 137
4 가장 시끄러운 소리를 내는 곤충은 무엇일까요? • 140
5 인간에게 가장 많은 피해를 주는 곤충은 무엇일까요? • 143
6 가장 큰 알을 낳는 곤충은 무엇일까요? • 146
7 나뭇잎처럼 생긴 곤충은 무엇일까요? • 148
8 다섯 개의 뿔을 가진 곤충은 무엇일까요? • 151
9 가장 빠른 곤충은 무엇일까요? • 154
10 가장 혐오스런 곤충은 무엇일까요? • 156
11 인류에게 가장 오래 도움을 준 곤충은 무엇일까요? • 160
12 농사를 지으며 살아가는 곤충은 무엇일까요? • 163
13 곤충도 아픔을 느낄까요? • 166
14 위협을 느끼면 화학물질을 내뿜는 곤충은 무엇일까요? • 169
15 가장 짧은 삶을 사는 곤충은 무엇일까요? • 172
16 가장 오래 사는 곤충은 무엇일까요? • 174
17 가장 게으른 곤충은 무엇일까요? • 176
     쉬어가는 자리 • 178

1 곤충은 어떻게 생겼을까요?

곤충의 생김새는 다른 동물에 비하여 특이한 편입니다. 대체로 머리, 가슴, 배의 세 부분으로 나뉘고, 가슴에는 세 쌍의 다리와 두 쌍의 날개가 달려 있으며, 크기는 다른 동물에 비하여 작은 편입니다.

곤충 학자들이 밝혀낸 바에 의하면 곤충은 3억 5천만 년에서 4억 년 이전부터 지구에서 살고 있었다고 합니다. 따라서 곤충은 다른 동물들보다 훨씬 오랫동안 지구에서 살아온 것입니다.

곤충은 현재 지구상에서 살아가고 있는 동물의 약 70%를 차지하고 있는데, 그 종류는 80만 종이 넘고, 숫자는 놀랍게도 무려 1,000경 마리에 이를 정도라고 합니다. 숫자로만 봤을 때 이 지구의 주인은 곤충이라 해도 과언이 아닐 것입니다.

● **곤충의 더듬이**

곤충의 더듬이는 사람의 코나 입 같은 역할을 합니다. 더듬이에 냄새 분

곤충의 더듬이는 안테나 역할을 한다.

자가 닿으면 곤충은 즉시 그 냄새를 느낄 수 있습니다. 또한 방향을 잡는 데 사용하기도 하며, 의사소통도 가능해서 적과 아군을 구별하여 서로 먹이가 있는 장소를 알려주기도 합니다. 곤충의 더듬이는 안테나 역할을 하는 셈입니다.

● **곤충의 눈**

잠자리나 사마귀, 파리, 벌 같은 대부분의 곤충들은 2개의 겹눈과 여러 개의 홑눈을 가지고 있습니다.

겹눈은 육각형의 수많은 작은 낱눈들로 이루어져 마치 벌집처럼 보입니다. 이 각각의 낱눈에서 나온 시신경이 하나로 합쳐져 뇌에 연결되어 있어, 대상의 형태뿐만 아니라 움직임까지 재빨리 알아챌 수 있다고 합니다. 그래서 곤충은 날아다니면서도 물체를 볼 수 있습니다.

그리고 많은 곤충이 겹눈 외에 홑눈을 가지고 있는데, 이 홑눈은 대상의 형태나 움직임을 보는 게 아니라 명암을 보는 역할을 한답니다.

이렇게 곤충은 인간에 비해 훨씬 복잡한 시각을 가지고 있어 인간보다 더 멀리 볼 수 있지만, 시력이 대단히 약해서 명확성은 떨어진다고 합니다.

매미의 고막은 배에 있다.

● **곤충의 귀**

곤충은 다른 동물들처럼 귀를 가지고 있지는 않지만 그렇다고 소리를 감지하지 못하는 것은 아닙니다. 일반적인 귀의 형태는 아니지만 그 나름대로 청각기관을 가지고 있기 때문입니다.

곤충의 종에 따라 청각기관의 위치가 다른데, 울음소리를 내는 곤충인 귀뚜라미나 여치 등은 앞다리 종아리마디에, 메뚜기·자나방은 복부 제1배마디의 양쪽에, 하늘나방·독나방·밤나방은 뒷가슴 양쪽에, 그리고 매미는 제2배마디의 발음기 뒷면에 고막이 있어 소리를 감지할 수 있습니다.

특히 곤충은 고주파의 소리를 느낄 수 있습니다.

● **곤충의 털**

곤충의 몸 표면을 자세히 보면 털이 나 있는데, 이 털은 공기의 미세한 흐름까지 느낄 수 있습니다. 그래서 대부분의 곤충은 귀가 없음에도 적의 움직임을 아주 예민하게 느껴 재빨리 도망칠 수 있습니다.

● **곤충의 무기**

곤충에게는 자신을 방어하거나 상대를 공격할 수 있는 무기가 있습니다.

사마귀의 앞다리에는 날카로운 발톱이 있다.

　사마귀의 앞다리에는 날카로운 발톱이 있어 먹잇감을 잽싸게 움켜잡을 수 있으며, 꿀벌은 자기를 해치려는 적에게 꽁무니에 숨겨둔 독침을 쏴 물리치기 때문에 다른 동물들은 벌의 윙윙거리는 소리만 들어도 가까이 가기를 꺼려합니다. 그리고 장수풍뎅이 종류는 머리에 강력한 뿔을 가지고 있어 상대를 이 뿔로 받아서 멀리 던져버리기도 합니다.
　장수말벌의 독은 사람의 목숨을 앗아갈 정도로 매우 강력합니다. 장수말벌에 쏘이면 강한 알레르기 반응이 나타나 온몸이 퉁퉁 붓고 기도까지 부어 숨을 쉬기 힘들어져서 결국 죽음에 이르기도 합니다.
　개미는 턱의 힘이 세서 상대를 강하게 물어버립니다. 남미의 니카라과나 파라과이의 습한 밀림에서 살고 있는 총알개미는 매우 강한 독을 가지고 있습니다. 크기는 2.5cm 정도로 크고, 독침으로 상대방을 공격합니다. 이

개미를 '총알개미'라고 부르게 된 이유는 물리면 마치 총알에 맞은 것처럼 매우 아프기 때문이라고 합니다.

여름에 흔히 볼 수 있는 잠자리는 강한 입틀을 가지고 있어 먹이를 씹어 먹는 데 알맞게 발달했으며 큰 턱은 튼튼하고 약간의 날카로운 이빨 모양 돌기를 가지고 있습니다.

무당벌레는 붉은 색을 지녔는데, 이는 포식자들에게 독이 있다고 경고하는 뜻입니다. 또한 무당벌레는 위험을 느낄 때 다리마디에서 불쾌한 냄새를 가진 노란색 액체를 내놓아 위기를 넘기도 합니다.

이 밖에도 날개에 무서운 무늬가 있어 포식자를 속이는 나비도 있습니다.

날개에 있는 눈 모양의 무늬로 천적을 속이는 나비

2 곤충은 어디에 살까요?

인간들은 곤충을 보잘것없는 벌레라며 무시하지만 그들은 인간이나 다른 동물들은 살 수 없는 곳에서도 아무 거리낌 없이 살아오고 있습니다.

곤충은 지구의 가장 추운 남극과 북극은 물론이고 높은 산꼭대기와 땅속 깊은 곳까지 없는 곳이 없을 정도로, 지구상에서 가장 널리 분포해 살고 있습니다. 이들은 히말라야 만년설에서도, 온천수에서도, 심지어는 다른 동물의 창자에서도 살아갑니다.

이처럼 곤충은 어디에나 있지만 대부분은 사람들에게 환영받지 못하는 귀찮은 존재로 취급받고 있기도 합니다.

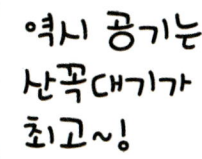

역시 공기는 산꼭대기가 최고~잉

곤충은 만년설이 쌓인 높은 산꼭대기부터 깜깜하고 깊은 땅속까지 없는 곳이 없을 정도로 널리 분포해서 살고 있어.

땅 속이 제일 안전하지~

3 곤충이 하는 일은 무엇일까요?

우리 인간이 보기에는 보잘것없는 작은 곤충이지만 그들은 오래전부터 우리 삶에 엄청난 영향을 미치고 있습니다.

곤충이 하는 일 중에서 가장 좋은 일은 꽃을 찾아 날아다니면서 암꽃과 수꽃의 화분을 날라주어 식물들이 탐스러운 열매를 맺게 해주는 일입니다. 인류가 먹는 음식 중 3분의 1이 곤충에 의해 수정된 열매입니다.

그뿐 아니라 곤충은 다른 동물이 먹다 버린 음식물이나 배설물을 깨끗하게 처리해 주기도 합니다. 만약에 지구상에 곤충이 없다면 이 세상은 동물의 시체나 배설물로 가득 차 악취의 소굴이 되었을 것입니다.

따라서 지구상의 어떤 생명체도 곤충만큼 우리 생활과 밀접한 관계에 놓여 있는 것은 없다고 할 수 있습니다.

그러나 곤충이 인간에게 좋은 일만 하는 것은 아닙니다. 인류를 죽이고 살리는 전염병의 대부분이 곤충에 의해 옮겨지고 있기 때문입니다. 그러므로 곤충은 좋은 동물인 동시에 해를 끼치는 동물이기도 합니다.

4 곤충은 어떻게 겨울을 날까요?

곤충이 살아가기 위해서는 그들이 살기에 적당한 온도가 필요합니다. 그런데 가을이 깊어갈수록 기온은 계속해서 내려가고 이윽고 서리가 내리게 되면 식물의 잎도 시들어 말라 버리게 됩니다. 이때가 되면 곤충들은 본격적으로 겨울나기를 준비합니다.

지구상에서 살아가고 있는 곤충의 대부분은 애벌레나 또는 알의 상태로 추운 겨울을 나고 있는데, 어미벌레로 겨울을 보내는 곤충도 약 3% 정도입니다.

메뚜기의 경우, 기온이 내려가면 흙 속이나 돌 틈 등에 알을 낳아 두고 죽음을 맞이합니다.

사마귀는 나뭇가지에 매달려 꽁무니에서 나오는 끈적끈적한 거품을 바르고 그 속에 알을 낳는데, 이 거품이 단열재 역할을 해 알이 얼지 않고 무사히 겨울을 날 수 있습니다. 그리고 이듬해 5월경 이 알집에서 수십에서 수백 마리의 사마귀 새끼들이 깨어나게 됩니다.

고치 상태로 겨울을 나는 나비 애벌레

대부분의 나비 애벌레는 고치를 만들어 그 안에서 번데기 상태로 겨울을 나고, 이듬해 봄에 나비가 됩니다. 예를 들어 쐐기나방 종류는 가을이 되면 곧바로 둥그스름한 고치를 만든 다음에 이 고치를 나뭇가지에 단단하게 붙여 놓습니다. 그 껍질은 매우 튼튼하고 추위를 막아 주어 겨울을 무사히 날 수 있습니다.

그리고 애벌레 상태로 겨울을 보내는 나비나 나방류는 나무줄기를 타고 땅으로 내려와 땅속이나 나뭇잎 속에 몸을 숨기고 추운 겨울을 납니다. 이때 자기가 주로 먹는 식물 가까운 곳에 머무는데, 이듬해 봄 새싹이 돋아날 때 깨어나자마자 쉽게 나무나 풀에 접근하여 먹이를 먹을 수 있기 때문입니다.

또한 네발나비과의 나비는 어미벌레 상태로 겨울을 나기도 하는데, 추위와 눈을 피할 수 있는 나무뿌리 밑이나 나무껍질 속에서 지내다가 이듬해 봄 날씨가 따뜻해지면 다시 활동을 시작합니다.

사슴벌레는 나무속에서 애벌레 상태로 겨울을 나고, 호랑나비는 번데기가 되어 봄을 기다리며, 무당벌레는 수십 마리가 한데 모여 겨울을 견디며 찾아올 봄을 기다립니다.

추운 겨울은 그들에게 힘겨운 계절이기 때문에 알을 보호하기 위해 여러

한데 모여 겨울을 나는 무당벌레

가지 방법을 총동원합니다. 곤충들이 한꺼번에 수백 개에서 수천 개의 알을 낳는 이유도 그중 몇 마리라도 살아남아 종족을 보존하게 하기 위한 나름대로의 진화 방법입니다.
　이처럼 곤충들은 저마다의 방법으로 추위를 이겨내며 살아가고 있습니다.

5 곤충은 왜 점점 사라져 갈까요?

　최근 문화의 발달과 인구의 도시 집중 등 산업화에 따른 환경악화로 인하여 곤충을 비롯한 많은 동·식물들이 살아갈 수 있는 장소를 잃어버리거나 그 숫자가 나날이 줄어드는가 하면 이미 멸종되는 경우가 일어나기도 합니다.

　또한 다른 나라에서 살던 특이한 곤충들이 새롭게 나타나 예부터 우리나라에서 살고 있던 곤충들은 삶의 터전을 빼앗겨 먹이사슬이 균형을 잃게 됨으로써 곤충들 또한 멸종 위기에 놓이고 있습니다.

　과도한 농약 및 제초제 사용과 무분별한 살충제 살포도 곤충들이 살기 힘든 환경을 만듭니다. 그뿐 아니라 기존에 있던 산을 깎고, 물의 흐름을 바꾸는 등 아름다운 자연환경을 새로운 모습으로 탈바꿈하는 과정에서 무리하게 자연을 파괴시키면서 우리 곁에서 친근하게 보였던 곤충들이 사라지게 되는 날이 더욱 빨리 올 것으로 예측되고 있습니다.

　그러므로 무리한 개발보다는 친환경적인 개발로 방향을 바꾸어 추진하는 것이 좋겠습니다.

6 곤충을 먹을 수 있나요?

  최근 기상악화로 인해 지구촌 곳곳에서 식량 위기가 점차 심각해지고 있는 실정입니다. 그래서 인류는 미래 사회의 대체 식량으로 지구상에 널려 있는 곤충을 택하게 되었습니다.

  곤충은 매우 우수한 영양가를 가지고 있는데, 나비나 개미 등의 경우 지방과 비타민, 미네랄이 풍부한 이점이 있어, 지구 온난화에 따른 식량 위기 대처 수단으로 가장 주목받고 있습니다.

  앞으로 곤충요리가 우리의 식탁 위에 자리 잡게 되면 식량이 부족한 상황에서 벗어날 수 있게 될 것입니다. 그리고 현재와 같이 돼지고기나 쇠고기, 닭고기 등 육류 위주의 섭취에서 벗어날 수 있게 됨은 물론이고, 생산 원가 절감으로 비용과 시간 등을 절약하여 경제적으로도 큰 도움을 얻게 될 것입니다.

  우리나라에서는 누에의 번데기와 메뚜기를 오랫동안 식용으로 먹어 왔습니다. 그 외에도 섭취 가능한 곤충을 살펴보면, 나방류의 번데기, 굼벵이,

벌과 벌의 유충, 지렁이, 땅강아지, 귀뚜라미, 잠자리, 개미 등이 있으며, 외국의 경우는 지네, 전갈, 거미 등을 먹고 있습니다. 특히 중국, 일본, 동남아시아 주요 국가들과 아프리카, 중남미, 호주 등지에서는 이미 오래전부터 식용 곤충을 먹어 왔습니다. 또한 미국이나 유럽의 주요 레스토랑에서도 이미 곤충요리가 판매되고 있습니다.

지구상에서 가장 많은 수가 살고 있는 곤충을 식용으로 더 많이 이용한다면, 몸에 좋은 영양소를 공급받을 수 있을 뿐만 아니라 주위에서 손쉽게 구할 수 있어 식자재를 구입할 때보다 지출을 많이 줄일 수 있게 되므로 경제적으로도 이익을 얻을 수 있을 것입니다.

● 외국에서 먹고 있는 식용 곤충

▷ 중국에서 먹고 있는 곤충

중국에서는 이미 3,000년 전에 곤충(개미)을 가지고 요리를 만들어 먹었다는 기록이 전해지고 있습니다.

식용 가치가 있는 곤충은 전 세계적으로 약 3,600여 종이 있는데, 중국에서는 이 중 약 100여 종을 먹고 있습니다. 그중에서 메뚜기, 매미, 꿀벌, 누에고치 등은 단백질과 아미노산이 풍부하고 그 밖의 광물질, 미량원소, 비타민, 효소 등도 아주 많이 들어 있습니다.

▷ 호주에서 먹고 있는 곤충

호주에서는 땅벌레라는 곤충을 먹고 있는데, 디저트로 알맞은 곤충 음식으로 그 맛이 아몬드와 비슷하다고 합니다.

▷ 콩고에서 먹고 있는 곤충

콩고에서는 도시의 노천 시장과 농촌의 거리마다 매우 많은 식용 곤충 판매점이 있는데, 굼벵이, 옥수수조명나방, 수수꽃다리명나방, 담배밤나방, 그리고 메뚜기 종류 등을 많이 먹습니다.

▷ 독일에서 먹고 있는 곤충

독일은 고단백질 식료품 연구가 아주 활발한 나라로, 옥수수조명나방, 누에 등의 곤충을 화학 처리하여 통조림을 만들어 먹습니다.

▷ 프랑스에서 먹고 있는 곤충

프랑스에서는 메뚜기, 개미 등 고단백질의 곤충으로 통조림을 만들어 먹는데, 파리의 일부 식당에서는 각종 번데기와 개미로 만든 음식을 팔고 있습니다.

▷ 미국 등 다른 나라에서 먹고 있는 곤충

미국, 일본 및 유럽의 여러 나라에서는 수벌번데기로 각종 고급 영양 음료와 식료품을 만들어 먹고 있습니다.

또한 멕시코에서는 식용 가능한 곤충 60여 종을 과자, 사탕, 꿀로 가공하거나 통조림으로 만들어 미국, 프랑스, 이탈리아 등에 수출하고 있습니다.

개미 알로 만든 요리

7 곤충의 멸종을 막기 위해 우리는 어떻게 해야 할까요?

오늘날 세계 곳곳에서는 석탄과 석유를 이용해 쉼 없이 기계와 자동차를 움직여 많은 매연과 이산화탄소를 발생시키고 있습니다. 이는 결국 지구의 기온에 막대한 영향을 주어 매년 기온이 오르고 있습니다. 곤충의 생존 능력이 뛰어나다지만 기후 변화 앞에서는 무기력하기 그지없어서 점점 멸종되어가는 곤충의 수가 많아지고 있습니다.

우리는 곤충을 보잘것없는 것으로 여기지만, 그들이 이 지구상에서 사라지면 그 연쇄작용으로 인해 4년 안에 지구가 멸망하게 될 수도 있다는 사실을 잊지 말아야 합니다. 곤충은 생태계에서 큰 역할을 하고 있으며, 인간에게 엄청난 도움을 주고 있다는 것을 인지해야 합니다.

우리 모두 화석연료 사용을 최대한으로 줄이는 등 지구의 온도가 더 이상 오르지 않도록 노력해야 합니다. 아울러 곤충들이 편하게 살 수 있도록 그들의 서식지인 자연을 있는 그대로 보존해주어야 합니다. 모두 다 같이 자연을 보조하고 환경오염을 방지하는 일에 힘써야 하겠습니다.

• 쉬어가는 자리 •

좋아하는 것을 선물해줄 테니 나와 결혼해줘!

　남자라면 누구나 자기의 마음에 드는 여자를 만나고 싶고 잘 보이려고 노력하게 마련이지요. 특히 결혼하고 싶은 여자를 만나게 되면 목적을 달성하기 위하여 잘 보이려고 맛있는 음식도 대접하고 아름다운 옷이나 비싼 선물을 주어서 여자의 마음을 사려고 애쓰지요.
　그런데 선물 공세는 사람만 하는 것이 아니에요. 곤충들도 놀랄 정도의 선물을 암컷에게 바치고 짝을 차지하려고 애쓰고 있어요.

　미국에 살고 있는 파리의 한 종류는 수컷이 암컷에게 먹을 것을 건네주면서 암컷의 마음을 사로잡으려고 애를 쓰지요. 그런데 야속한 암컷은 수컷이 가지고 온 먹이 선물이 마음에 들지 않으면 그동안 고생해서 잡은 먹이는 거들떠보지도 않고 다른 수컷을 찾아 훌쩍 날아가 버려요. 수컷이 가지고 온 선물이 마음에 들어야 겨우 짝짓기를 허락하다니, 아주 얄밉네요.
　그래서 수컷은 암컷의 마음을 사로잡으려고 이곳저곳을 돌아다니며 암컷이 좋아하는 먹이 찾기에 정신이 없답니다.

　"이번에 가지고 온 먹이는 아주 맛있는 메뚜기야. 이것을 받고 내 사랑도 좀 받아줘."

애원하는 수컷에게 암컷은 말하죠.

"어림도 없는 소리 말아. 겨우 메뚜기 한 마리로 내 마음을 사로잡을 수가 있다고 생각해? 그것 가지고는 어림도 없어!"

"그렇다면 조금만 기다려줘. 내가 더 맛있는 먹이를 구해 올 테니까."

수파리가 암컷이 좋아하는 먹잇감을 찾으려고 열심히 날아다니다가 마음에 드는 곤충을 잡아 바치면 암컷은 요리조리 천천히 확인한 다음에 맛있게 먹은 후 겨우 짝짓기를 허락해요.

그런데 재미있는 일은 수컷이 암컷의 마음에 드는 좋은 먹잇감을 구하지 못할 경우에는 실을 토해서 먹이 비슷하게 물건을 만들어 암컷에게 건네주고 짝짓기에 성공하기도 하는 지능적인 행동을 한다는 거예요.

여기서 한 가지 특이하게 생각해 볼 일은 인간을 제외한 동물에서는 암컷이 수컷에게 선물을 주는 사례가 전혀 없다는 것이죠. 오로지 수컷만이 짝짓기를 위해서 선물을 준비하는데, 이 같은 자연 원리는 종족을 퍼트리는 일에 암컷이 수컷에 비해 훨씬 많은 에너지를 소모하기 때문이에요. 암컷은 임신을 대비해 영양분을 많이 섭취해야 하기 때문에 짝짓기를 할 때 수컷이 음식을 준비해오지 않으면 거들떠보지도 않는 것이랍니다.

1 꿀벌은 어떻게 살아갈까요?

　꿀벌의 생김새를 살펴보면 머리, 가슴, 배의 세 부분으로 크게 나눌 수 있습니다. 머리에는 2개의 더듬이, 그리고 홑눈과 겹눈이 있으며, 가슴에는 세 쌍의 다리와 한 쌍의 날개가 있으므로 곤충에 해당됩니다.
　꿀벌의 배에는 납샘이 있고 꼬리 부분에는 꿀벌의 무기인 독침이 있는데, 이 침은 내장과 연결되어 있어 침을 쏘면 내장이 나와 죽게 됩니다.

　꿀벌은 몇만 마리가 한 집 안에서 무리를 이루고 살아가는데, 모두 게으름을 피우지 않고 각자의 맡은 일을 열심히 하므로 조금도 흐트러짐이 없습니다.
　한 벌통 안에 한 마리만 존재하는 여왕벌은 꿀벌 무리 중 몸집이 가장 크며, 평생 알을 낳는 일만 합니다.
　알에서 갓 깨어난 애벌레가 계속해서 로열젤리를 먹고 자라면 여왕벌이 되는데, 로열젤리는 일벌의 몸에서 나오는 특수 물질입니다.
　일벌은 꿀벌 무리에서 숫자가 제일 많습니다. 알에서 깨어난 애벌레는 로열젤리를 먹다가 3일이 지나면 꿀을 먹게 되는데, 이때 일벌로 결정되는 것입니다.

이와 같이 일벌이 되느냐, 여왕벌이 되느냐는 알에서 갓 태어난 애벌레가 3일 후에도 계속해서 로열젤리를 먹느냐 아니면 꿀을 먹느냐에 따라서 결정됩니다.

번데기에서 갓 깨어난 일벌은 3일이 지나면 처음으로 누구나 똑같이 자기들이 태어난 벌집을 청소하고 이제 갓 태어난 동생들을 돌보는 일을 합니다. 그리고 시간이 지나서 몸이 단단해지고 몸집이 커지면 집 밖으로 나가서 꿀과 꽃가루를 모아오는 일을 하게 됩니다. 그러다 나이가 들면 집 밖에서 하는 일을 끝내고 집 안에서 경비를 맡아 목숨을 걸고 다른 적들의 침입을 막아내고 집을 지켜냅니다.

그리고 수벌은 여왕벌보다는 작고 일벌보다는 조금 큰 벌로, 아무 일도 하지 않고 오직 여왕벌과 교미만 합니다. 수벌은 일벌들이 어렵게 모아온 꿀을 받아먹기만 하다가 가을이 오면 일벌들에 의해 집 밖으로 쫓겨나 죽습니다.

벌집에 꿀을 저장하는 일벌들

2 꿀벌은 우리에게 무엇을 줄까요?

우리가 꿀벌에게서 얻는 것에는 꿀, 꽃가루, 프로폴리스, 로열젤리, 그리고 밀랍 등이 있습니다.

● 밀랍

밀랍은 여왕벌이 알을 낳을 수 있도록 벌집을 만드는 물질입니다.

밀랍은 일벌들의 배 아래쪽에서 분비되는 노란색 물질로, 벌집을 뜨거운 물에 녹이면 얻을 수 있습니다.

밀랍은 접착제, 껌, 화장품, 광택제(왁스) 등을 만드는 데 사용하며, 예전에는 주로 양초를 만드는 데 사용하였습니다.

● 프로폴리스

프로폴리스는 꿀벌이 각종 나무에서 나오는 다양한 수액과 나무진, 그리고 꽃에서 모은 꽃가루에다 밀랍 등 꿀벌 자신의 분비물을 이용하여 만든 특수한 물질입니다.

프로폴리스는 매우 끈적끈적하여 잘 달라붙고, 기온이 내려가면 딱딱하게 굳는 성질이 있기 때문에 벌집이 움직이지 못하도록 단단히 고정시키는 역할을 합니다. 또한 염증을 예방하고 산화를 방지하며 면역력을 높여주는 역할을 하므로 천연 페니실린이라고도 합니다.

꿀벌은 벌통이나 벌집의 틈이 있는 곳에 프로폴리스를 발라 병균이나 바이러스로부터 스스로를 보호하고, 다른 침입자를 막고 있습니다.

● **벌꿀**

벌꿀은 일벌이 들과 산으로 날아다니면서 식물의 꽃에서 얻는 것으로, 각종 영양분이 많이 들어 있어 사람들에게 종합 영양제로 큰 인기를 얻고 있습니다.

벌꿀은 약 80% 이상이 당분으로 구성된 식품으로, 단당류이기 때문에 에너지원으로 흡수가 쉽고 영양가가 풍부합니다. 벌꿀의 열량은 우유의 6배로, 섭취했을 때 효과도 빨리 나타나는 것이 특징입니다.

벌꿀은 살균력이 뛰어나서 위장병에 효과가 있고, 특히 감기, 빈혈 등에 좋다고 알려져 있습니다. 또한 벌꿀에 들어 있는 포도당과 과당에 의한 피로회복 효과는 어떤 식품과도 비교할 수 없습니다.

● **꽃가루(화분)**

꽃가루는 꿀벌이 꿀을 얻기 위하여 여러 꽃을 찾아다니면서 모은 물질로, 각종 꽃의 암술과 수술에서 얻습니다.

꽃가루는 순수한 자연에서 얻어지는 산물로 비타민, 단백질, 미네랄, 방향성 물질, 아미노산 등의 각종 영양소 이외에도 몸에 좋은 효소가 포함되어 있어 우리가 먹게 되면 각종 질병을 예방할 수 있습니다.

꽃가루를 옮기는 벌

따라서 꽃가루는 꿀과 함께 자연에서 얻을 수 있는 매우 좋은 건강식품입니다.

● **로열젤리**

로열젤리는 일벌에 있는 특수 분비샘에서 생산되는 분비물로, 다른 말로는 왕유라고도 합니다.

로열젤리는 모든 애벌레들에게 3~4일간 먹이다가 여왕벌이 될 애벌레에게만 계속해서 먹이는데, 그럼 그 애벌레는 몸집이 크고 기운이 센 여왕벌이 되는 것입니다.

이렇게 로열젤리를 먹고 자란 여왕벌은 약 120만 개의 알을 낳고, 일벌의 약 20~40배(3~6년)나 오래 삽니다. 따라서 로열젤리는 불로장수의 묘약으로 알려져 있습니다. 그래서 사람들은 이것을 많이 먹으려 하지만 그 양이 많지 않아 쉽게 구하기 힘듭니다.

● **봉독**

봉독은 꿀벌의 산란관에서 나오는 독액으로, 꿀벌이 자신을 해치려는 적에게 대항해서 싸우는 벌침 속에서 나옵니다.

봉독은 통증 질환에 탁월한 효과가 있는데 류머티스성 또는 퇴행성 관절염, 디스크 후유증, 각종 근육통, 마비 후유증, 각종 인대 질환에 효과가 있다고 알려져 있습니다.

그래서 질병에 걸린 사람들은 꿀벌의 봉독으로 병을 치료하기 위해서 꿀벌의 침을 뽑아서 아픈 부위에 직접 놓기도 하고 봉독을 정제한 후 주사로

꿀벌에게서 얻는 것들

우리가 꿀벌에게서 얻는 것에는 꿀, 꽃가루, 프로폴리스, 로열젤리, 그리고 밀랍 등이 있습니다.

꿀벌은 우리에게 꿀뿐만 아니라 로열젤리, 프로폴리스 등 몸에 좋은 것들을 많이 주고 있어. 이렇게 고마운 꿀벌이 사라지면 어떻게 될까?

꿀벌이 전달해주는 꽃가루로 번식하는 식물들은 더 이상 열매를 맺지 못하게 될 거야. 결국엔 우리 인간들의 식량도 줄어들게 될 테니 정말 심각한 일이 아닐 수 없어!

놓기도 합니다.

그러나 꿀벌 1마리에서 얻을 수 있는 봉독의 양은 아주 적기 때문에 한 번에 많은 양을 얻어내기 위해 특별한 방법을 이용합니다.

벌통 문 앞에 채취기를 놓아두면 벌들이 적으로 생각해 모여드는데, 그때 전기를 흘려보냅니다. 놀란 벌들이 독침을 마구 쏘아대면 채취기에 봉독이 모이게 되는 것입니다. 벌은 독침을 쏘면 죽지만, 채취기는 딱딱하여 침이 꽂히지 않기 때문에 벌의 침과 내장이 빠지지 않아 죽지 않는다고 합니다.

● 식물의 열매를 맺게 하는 역할

꿀벌은 암꽃의 화분과 수꽃의 화분이 서로 만나서 열매를 맺도록 도와주는 아주 중요한 역할을 하고 있습니다. 꿀벌이 암술에 수술의 꽃가루를 묻히면 꽃이 진 후에 열매가 열리고 그 열매가 점차 성장하여 과일이나 곡식이 됩니다. 이처럼 많은 식물의 열매를 맺게 도와주는 꿀벌은 자연 생태계에 있어서 아주 중요한 역할을 하고 있음을 알 수 있습니다.

이처럼 꿀벌은 우리 인간들이 먹고 살아가는 데 필요한 곡식이나 과일 등을 만들어주는, 어느 다른 곤충보다도 귀중한 곤충인 것입니다.

● 꿀벌은 왜 사라져 갈까요?

생태계에서 생물들이 사라지는 가장 큰 이유를 살펴보면 강한 힘을 가진 외래종의 침입과 환경오염 등이 아닐까 합니다. 그리고 또 한 가지 중요한 것은 과도한 농약 살포입니다. 곤충에게만 작용해 신경계에 이상을 일으키는 성분의 살충제가 주요 원인으로 손꼽히고 있습니다.

꿀벌 또한 그러한 영향을 많이 받는 곤충입니다. 꿀벌의 피해를 막기 위해 유럽연합에서는 이런 종류의 농약은 제조를 금하고 또한 사용하지 못하도록 결정했을 만큼 심각한 피해를 불러오고 있습니다.

또한 휴대전화 전자파가 꿀벌의 진로를 방해해 집으로 돌아오지 못하게 한다는 주장도 나오고 있습니다. 전자파는 편리하기도 하지만 인체에 좋지 않은 영향을 주기도 하는데 꿀벌에게도 마찬가지인 것입니다.

그리고 마지막으로 꿀벌이 사라지는 원인으로는 꿀을 얻기 위해 벌을 사육하면서 먹이는 정제된 설탕물과 항생제 등을 꼽을 수 있습니다. 항생제에 익숙해진 꿀벌들이 약해진 면역체계로 인하여 심하지 않은 질병에도 이겨내지 못하고 죽어나가는 큰 피해를 입게 되는 것입니다.

현재 지구상에는 여러 종류의 곤충들이 멸종 위기를 맞고 있으며, 그중에서도 꿀벌이 줄어든다는 것은 매우 심각한 일이 아닐 수 없습니다.

만약 꿀벌이 사라지면 어떻게 될까요?

현재 지구상에 존재하는 식물의 상당수가 벌을 매개로 꽃가루를 전달하여 번식하고 있습니다. 그러므로 꿀벌이 사라진다는 말은 식물들이 번식을 하지 못한다는 말과 같으며, 결과적으로 식물이 열매를 맺지 못하고 멸종해버릴 수 있는 심각한 상황에 놓여 있는 것입니다. 그렇게 되면 지구상에 살아가고 있는 모든 동물들의 먹이가 부족하게 되고, 아울러 전 인류의 먹을거리가 줄어들게 될 것이므로 심각한 일이 아닐 수 없습니다.

많은 곤충들이 멸종되어가고 있지만 그중에서도 특히 꿀벌이 인류에 공헌하는 부분이 많기 때문에 다른 곤충들에 비하여 좀 더 자세하게 다루어 봤습니다. 이제 꿀벌이 얼마나 소중한지 알겠죠?

3 친근한 쇠똥구리가 왜 우리 곁에서 떠나갈까요?

　쇠똥구리는 전 세계에 약 2만여 종이 있으며, 남극을 제외한 모든 대륙의 사막, 초원, 숲 등에 분포해 살고 있습니다.

　쇠똥구리의 몸길이는 약 1.6cm로, 몸의 색깔은 옅은 검은색이며 몸 전체의 생김새는 약간 편평한 타원형입니다. 머리의 생김새는 넓적하고 마름모꼴이며, 중앙은 약간 패어 있고 양 끝이 튀어나와 있는데 수컷은 삽같이 생긴 주둥이가 달려 있습니다. 머리 양쪽에 나 있는 더듬이는 짧고 검은색입니다. 앞가슴은 크고 편평한 원형이며, 중앙은 볼록하고 작은 점무늬가 촘촘히 박혀 있습니다.

　쇠똥구리의 딱지날개는 앞가슴보다 좁고 단단하며, 희미하게 세로로 된 홈이 있고, 다리는 검은색으로 특히 앞다리와 뒷다리가 다른 다리에 비하여 길고 큰데 앞다리는 다른 동물의 똥을 뭉치기 위해서 넓적하게 생겼습니다. 그리고 뒷다리는 굵고 길어서 뭉쳐진 쇠똥을 굴리기에 적합하게 되어 있습니다.

똥을 굴리고 있는 쇠똥구리

　쇠똥구리 먹이의 대부분은 낙타나 소 등 초식 동물의 똥인데 일부 다른 종류의 쇠똥구리는 버섯이나 나뭇잎 등을 먹기도 합니다. 그러나 대부분의 쇠똥구리는 초식 동물들의 똥에서 모든 영양분을 얻기 때문에 다른 먹이나 심지어는 물도 별도로 먹을 필요가 없다고 합니다.

　쇠똥구리 수컷이 동물의 똥을 굴리는 과정을 보면 삽처럼 생긴 주둥이로 배설물 덩이를 떼어내 모래나 작은 돌 같은 것들을 골라내고 매끈하게 다듬은 다음 뒷다리로 굴리는 모습을 볼 수 있습니다. 이때 암컷은 뭉친 똥 위로 올라가 굴릴 방향을 지시하거나 함께 굴리기도 합니다.
　이렇게 만든 똥 덩어리는 쇠똥구리의 크기보다 무려 50배나 크기도 합니다. 이 똥 덩어리를 미리 파 놓은 구덩이로 굴려 넣으면 짝짓기를 끝낸 암컷이 그 안에 알을 낳고 구멍을 막습니다.

　알에서 깨어난 애벌레는 그 안에서 쇠똥을 파먹고 자라며, 구멍이 생기

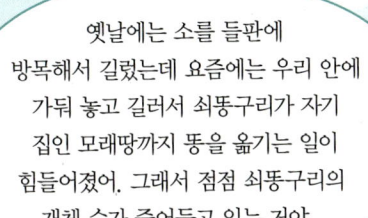

옛날에는 소를 들판에 방목해서 길렀는데 요즘에는 우리 안에 가둬 놓고 길러서 쇠똥구리가 자기 집인 모래땅까지 똥을 옮기는 일이 힘들어졌어. 그래서 점점 쇠똥구리의 개체 수가 줄어들고 있는 거야.

너무 멀어서 못 가겠어요!

면 자기의 똥으로 수리하기도 하면서 번데기 과정을 거쳐 드디어 쇠똥구리 어미벌레가 됩니다.

이제 쇠똥을 뚫고 밖으로 나와야 하는데, 가끔 쇠똥이 말라 너무 딱딱해져 밖으로 나오지 못해 그 안에서 죽는 경우도 있습니다. 하지만 대부분의 쇠똥구리는 탈출에 성공합니다.

쇠똥구리 어미벌레는 늦봄부터 가을까지 활동하는데 6~7월에 가장 힘차게 활동합니다.

쇠똥구리는 한국, 중국 등 동부아시아와 유럽 등지에서 살아가고 있는데, 1967년 이후 그 숫자가 급격하게 줄어들어 거의 찾아볼 수 없게 되자 2012년 5월에 멸종 위기 야생동물로 지정되어 보호받고 있습니다.

쇠똥구리의 숫자가 줄어들고 있는 이유는 농가에서 가축들을 들판에 방목하지 않고 우리에 가둬 놓고 기르기 때문으로 볼 수 있습니다. 쇠똥구리가 먹을 배설물을 농가의 우리에서 모래땅인 자기 집까지 운반하기 힘들기 때문입니다. 그래서 그 속에 알을 낳는 숫자가 점점 줄어드니 자연히 쇠똥구리의 개체 수가 줄어들 수밖에 없는 것입니다.

또한 쇠똥구리는 소가 들판에서 풀을 뜯어먹고 배설하여 섬유질이 풍부하며, 배설한 지 하루 정도 지나 약간 말라 꾸덕꾸덕해진 똥을 좋아하기 때문에 소가 사료를 먹고 그 배설물 또한 퇴비로 이용되는 요즘에는 먹이를 구하기 힘들어졌습니다. 그래서 쇠똥구리의 수가 점차 줄어드는 것입니다.

쇠똥구리의 멸종은 그들만의 비극으로 끝나지 않습니다. 쇠똥구리가 멸종되면 쇠똥구리를 먹이로 하는 장지뱀이나 두더지 등 먹이사슬의 상위에 있는 동물들 또한 위협받게 됩니다.

4 요즘은 왜 반딧불이를 볼 수 없을까요?

반딧불이는 보통 개똥벌레라고 부르기도 합니다. 현재 우리나라에서 살아가고 있는 반딧불이 종류로는 운문산반딧불이와 애반딧불이 그리고 늦반딧불이 등 3종류가 있습니다.

20여 년 전만 해도 한여름 밤하늘에 반짝거리는 빛을 내며 날아다니는 반딧불이를 전국 어디서나 흔히 볼 수 있었으나 요즘에 와서는 농촌에서도 거의 찾아볼 수 없게 되었습니다.

반딧불이의 몸은 일반적으로 가늘고 길며 다소 편평한 편으로, 반딧불이 어미벌레의 몸길이는 1.2~1.8cm 정도입니다.

반딧불이 어미벌레의 몸 빛깔은 검은색인데 머리는 앞가슴 밑에 감추어져 있는 것처럼 보입니다. 앞가슴 아래에 덮여 있는 겹눈은 큰 편이며 작은 점무늬가 촘촘하게 박혀 있습니다. 앞가슴 등판에는 옅은 갈색의 얼룩무늬가 있고, 가슴에 붙어 있는 세 쌍의 다리는 허벅다리 마디까지 검은색 혹은 검은 갈색을 띠고 있으며, 걸을 때는 몸체에 가려 잘 보이지 않습니다.

반딧불이에서 가장 중요하고 상징적인 발광 기관은 배마디 복부 쪽 끝에서 2~3째 마디에 있고 연한 노란색을 띠고 있습니다.

반딧불이가 반짝거리며 내는 빛은 몸속에 들어 있는 독특한 성분을 분비할 때 발생하는 것으로, 열이 나지 않아 냉광이라고 합니다. 이 빛은 미래의 발광 산업에서 활용될 수 있기 때문에 과학자들이 관심을 가지고 연구 중에 있습니다.

대부분의 다른 곤충들과 마찬가지로 반딧불이도 어미벌레의 암컷이 수컷에 비해 약간 더 큰 편입니다. 반딧불이의 번데기에서 깨어난 어미벌레 암컷은 2~3일이 지나면 짝짓기를 하게 되는데 짝짓기가 끝난 약 4~5일째부터 주로 밤에 습한 이끼나 물가에 있는 풀잎 위에 약 300~500개의 알을 낳습니다.

반딧불이의 알은 약 3~4주 정도가 지나면 애벌레로 부화되고, 이듬해 봄인 4월경까지 250여 일 동안 6회에 걸쳐 허물벗기 과정을 거치면서 어미벌레로 성장하게 됩니다.

반딧불이 애벌레는 육식성으로, 주로 민물 다슬기를 먹으며 물속에서 살아가다가 번데기 과정을 거치기 위해 어두운 밤을 이용해서 땅 위로 기어 올라갑니다. 그리고 굴을 판 다음에 땅속으로 들어가서 번데기 집을 짓고 그곳에 머물다 90일 정도 지나면 번데기가 됩니다.

이 번데기는 시간이 지나 6월경이 되면 드디어 어미벌레가 되어 밤에 배쪽의 꼬리 부분에서 강한 빛을 내며 날아다닙니다. 반딧불이의 발광횟수는 1분에 약 60~120회 정도로 알려져 있습니다.

반딧불이가 빛을 반짝이며 밤에 날아다니는 것은 짝짓기 상대를 찾기 위

한 행동을 하는 것으로, 암·수 모두 또는 암컷이 빛을 내어 자기의 위치를 알려주며 수컷을 유인합니다. 이때 우리는 밤하늘에 반짝거리며 날아다니는 반딧불이를 보게 되는 것입니다.

  그런데 흥미로운 사실은 어미벌레뿐만 아니라 알과 번데기 및 애벌레 시절에도 복부의 발광 기관에서 알아보기에 충분한 빛을 낸다는 것입니다.

  반딧불이의 수명은 살고 있는 환경과 기온 등에 따라 달라지는데 보통은 알을 낳게 되면 특별한 먹이 활동을 하지 않기 때문에 산란 후 10~15일 정도 지나면 반딧불이로서 일생을 마치게 됩니다.

  반딧불이는 우리나라와 일본 등지에서 살아가고 있는데 환경이 나빠지면서 그 수효가 계속해서 줄어들고 있습니다. 이 상태가 계속되면 머지않아 우리는 밤에 빛을 내며 날아다니는 귀여운 반딧불이를 볼 수 없게 될 것입니다. 따라서 우리는 반딧불이를 보호해야 하겠습니다.

  반딧불이를 보호하기 위해서는 반딧불이 애벌레가 살아갈 장소인 작은 실개천을 마구 헤집어 놓고 시멘트로 구조물을 만들어 물을 오염시키는 행위들을 그만둬야 합니다. 반딧불이뿐만 아니라 다른 생물들도 지키기 위해서는 자연을 그대로 두는 것이 최선의 방법입니다.

  1982년 반딧불이와 그 먹이 다슬기의 서식지인 금강 상류 설천면 남대천 일대가 천연기념물 제322호로 지정되었습니다.

5 환경오염은 꼬마잠자리에게 어떤 영향을 미쳤을까요?

세계에서 가장 작은 잠자리는 꼬마잠자리로, 어미벌레의 크기가 약 1.7~1.9cm라고 합니다.

꼬마잠자리는 대부분의 잠자리와 달리 암수가 마치 다른 종처럼 전혀 다른 모습을 하고 있는 것이 특이합니다.

수컷 꼬마잠자리는 우리가 흔히 알고 있는 고추잠자리처럼 머리를 포함해 몸 전체가 선명한 검붉은 색이며, 가슴 가까이 달려 있는 두 쌍의 날개가 난 부분은 연한 갈색을 띠고 있습니다. 다 자라지 못한 수컷은 바탕색이 주황색이고 각각의 배마디에 옅은 노란색의 줄무늬가 있습니다.

반면 암컷 꼬마잠자리는 가슴 부근에 연노랑색의 커다란 무늬가 있고, 배는 색동저고리 소매 무늬처럼 넓은 연한 갈색 무늬와 얇은 노란색 무늬가 가로로 반복돼 있습니다. 그러나 날개가 나 있는 부분은 수컷처럼 연한 갈색을 띠고 있습니다.

다 자란 수컷 꼬마잠자리일수록 몸 전체가 붉은색이 되고, 암수 모두 날개는 투명합니다.

꼬마잠자리 어미벌레는 기온에 따라서 차이가 있지만 주로 5~8월에 나타나는데, 다른 잠자리와 달리 날아다니는 범위가 매우 좁아 개울가에 있는 키 작은 물풀 사이를 느린 속도로 날아다닙니다.

나는 힘이 매우 약한 꼬마잠자리는 느릿느릿 날아다니며 깔따구나 파리 등을 잡아먹습니다. 그러나 꼬마잠자리는 너무 작고 느린 행동 때문에 먹이를 잡기는커녕 오히려 밀잠자리 같은 육식성 곤충에게 잡아먹히는 일이 허다합니다.

밀잠자리

꼬마잠자리의 행동 중에 독특한 점은 온도가 높은 여름철에 풀줄기 끝에서 물구나무서는 것처럼 머리를 밑으로 내리고 꼬리는 하늘을 향해 높이 쳐드는 행동입니다. 이것은 더운 낮 시간에 햇빛을 적게 받기 위함입니다.

비록 몸집은 작지만 수컷은 자기 영역을 지키기 위한 싸움을 자주 하는데 낮에는 겨우 30cm에서 1m 내외의 영역을 확보하여 지키다가 저녁에는 서로 싸우지 않고 휴식을 취하기도 합니다. 수컷 꼬마잠자리들은 자기들만의 영역을 형성하고 살다가 따로 무리를 이루어 생활하고 있는 암컷과 짝짓기를 합니다.

약 10초 정도의 짧은 짝짓기가 끝난 후 암컷은 흐르는 맑은 물에서 자라는 물풀에 앉아 꼬리로 물을 치며 3~4회에 걸쳐서 산란을 합니다.

알에서 깨어난 꼬마잠자리 애벌레는 번데기 과정 없이 바로 어미벌레가 되는데, 그 기간은 15~20일 정도입니다.

꼬마잠자리가 살기 좋은 곳은 작은 풀들이 자라고 있는 습지나 항상 맑은 물이 흘러서 마르지 않는 곳이야. 이런 서식 환경은 매우 드물어서 꼬마잠자리의 숫자가 점점 줄어들고 있어.

알에서 깨어난 꼬마잠자리 애벌레의 몸길이는 겨우 0.8~0.9cm로 번데기 과정 없이 애벌레에서 바로 어미벌레가 되는데 그 기간은 약 15~20일 정도입니다. 그 후 완전히 꼬마잠자리로 태어나는 것입니다.

부화된 직후의 어린 애벌레는 깨어날 때 몸에 붙어 있는 난황에 의해 영양분을 공급받으며 자라는데 2령*의 애벌레가 되면 주로 동물성 플랑크톤을 잡아먹으며 살아갑니다. 그 후 몸이 커지면 물속에서 살고 있는 장구벌레, 깔따구, 하루살이 유충 등을 잡아먹고 올챙이나 물고기의 어린 새끼까지도 잡아먹습니다.

그러나 꼬마잠자리 애벌레는 큰 물고기나 황소개구리, 올챙이 등의 주요 먹이가 되기도 합니다.

꼬마잠자리는 한국, 일본, 중국 중부와 남부, 타이완 등지에서 살아가고 있습니다. 꼬마잠자리가 살기에 가장 적합한 장소는 작은 풀들이 자라고 있는 낮은 습지이며, 산이나 주변의 연못 등에서 항상 오염되지 않은 맑은 물이 공급되어 마르지 않는 습지가 있는 장소입니다.

천연적으로 이러한 서식 환경은 매우 드물기 때문에 근래에 이르러 꼬마잠자리의 숫자가 점점 줄어들어 2012년 5월 31일 멸종 위기 야생동식물 2급으로 지정되었습니다. 그러므로 꼬마잠자리의 보존을 위해서는 환경오염을 막는 것이 최선의 방법입니다.

환경이 좋아지면 자연적으로 꼬마잠자리가 늘어나게 되어 다시 그 모습을 볼 수 있게 될 것입니다.

---

* 령이란 애벌레가 허물을 벗는 기간으로, 곤충마다 횟수는 달라요.

6 붉은점모시나비는 왜 이사를 갔을까요?

붉은점모시나비는 우리나라에서는 극히 일부 지방에서만 살아가는 나비로, 남한 지역에서는 2012년 5월 31일에 멸종 위기 야생동식물 2급으로 지정되어 법적 보호를 받고 있습니다.

붉은점모시나비의 앞날개 길이는 봄에 태어났느냐 여름에 태어났느냐에 따라서 차이가 있는데 대체로 여름에 태어난 나비가 봄에 태어난 나비보다 날개가 조금 더 깁니다.

붉은점모시나비의 앞날개는 반투명한 흰 빛깔에 검정색 무늬가 여러 곳에 박혀 있으며 뒷날개에는 검은색 테두리가 있는 붉은색 무늬가 2개씩 일정하게 박혀 있습니다. 수컷은 배 전체에 긴 털이 나 있습니다.

붉은점모시나비는 멸종 위기에 처한 나비 중에서도 사람들에게 인기가 있는 편인데, 더운 여름에 즐겨 입는 모시 옷감 같은 느낌을 주는 날개에 가느다란 붓으로 세밀하게 그려놓은 것 같은 날개맥과 더불어 뒷날개의 붉은 점이 고운 한복의 치마폭에 그려진 아름다운 한 폭의 동양화를 보는 듯한 느낌을 주기 때문입니다.

붉은점모시나비는 1년에 한 번 발생하며, 5월 초에 나타나 중순에 가장 많이 활동하나 하순이 되면 거의 날아다니는 모습을 찾아볼 수가 없습니다.

붉은점모시나비는 주로 산 정상 부분의 암반 지대나 산지의 낭떠러지 같은 곳 또는 강변에 암반이 널리 펼쳐진 곳이나 숲이 울창하게 우거지지 않은 양지바른 곳의 작은 풀들이 자라나는 장소를 좋아합니다.

산림이 우거지지 않고 넓은 바위들이 자리 잡고 있는 양지바른 풀밭과 나무딸기나 엉겅퀴, 그리고 키 작은 노란색 꽃이 피는 기린초가 자라는 곳에서 이 나비를 볼 수 있습니다.

특히 기린초가 자라는 곳에 많이 모여드는데, 그 이유는 붉은점모시나비 애벌레가 이 식물을 먹고 자라며 어미벌레는 이 꽃에서 분비되는 꿀을 빨아먹고 살기 때문입니다. 그러나 기린초가 꽃을 다 피우고 열매를 맺게 되어 잎도 보잘것없게 되면 붉은점모시나비도 더 이상 이곳에서 살지 못하고 어디론가 멀리 떠나갑니다.

기린초

나무딸기

붉은점모시나비는 알을 먹이식물 주변의 마른 풀이나 가지에 황백색으로 동그랗게 모아 낳습니다. 알은 190일 정도 알 상태로 있다가 특이하게도 한겨울이 시작되는 12월 초에 부화하고, 다음해 3월경에 애벌레가 되어 5번에 걸친 탈바꿈을 한 후 마침내 번데기 과정을 마치고 어미벌레가 됩니다.
　나비뿐 아니라 어떤 곤충의 알도 영하의 날씨에서는 몇 시간을 버티지 못하고 얼어 죽는데, 붉은점모시나비의 알은 놀랍게도 영하 30℃에서도 멀쩡하게 살아 있습니다. 그 이유는 알을 보호하는 물질로 덮여 있어 외부의 심한 충격이나 갑작스런 기온 변화에도 버틸 수 있기 때문입니다.

　어미벌레는 5월 하순에 발생하여 짝짓기를 한 후 6월 상순에 애벌레의 먹이 식물인 엉겅퀴나 쥐오줌풀, 또는 나뭇잎 등에 산란한 후 바로 죽습니다.

알에서 깬 붉은점모시나비의 애벌레는 먹이가 되는 기린초 식물 주변으로 자연스럽게 모이게 되는데 어미벌레가 될 때까지 이 식물의 어린잎을 갉아 먹고 자랍니다.

　그런데 1990년대 중반 이후 갑자기 붉은점모시나비의 모습을 찾아보기 어렵게 되었습니다. 특히 남쪽 지방에서 집단적으로 보이지 않게 되었고 서울 인근의 유명한 서식지들이 사라져버렸으며 자주 목격되었던 강촌 일대에서도 그 모습을 찾아볼 수 없게 되었습니다.
　이처럼 붉은점모시나비가 전국적으로 거의 동시에 급감하는 원인에 대해서는 학자들마다 여러 의견이 많은데 처음에는 대표적 먹이 식물인 기린초가 줄어들었기 때문이란 것이었습니다.

온난화의 영향으로 남부지방에서 살아가던 붉은점모시나비들이 한랭지역인 강원도로 옮겨 갔어.

그렇지만 기린초가 전국 규모로 줄어들었다는 근거를 찾을 수 없게 되자 이번에는 사람들의 나비 채집이 큰 영향을 끼쳤을 것으로 생각하는 분위기였으나 이 또한 인정하기 쉽지 않았습니다.

그러다 강원도 산간 지방에 이 나비들이 살고 있는 것이 확인되자 붉은점모시나비가 기후 변화에 영향을 받아 멸종 위기에 처한 것이란 주장이 받아들여지게 되었습니다.

기후 온난화가 되면서 남부지방에서 집단으로 살아가던 나비들은 없어진 반면에 강원도의 한랭한 좁은 지역에는 새로 나타난 것입니다.

마침 그 지역은 햇볕이 잘 드는 벌목지여서 먹이식물인 기린초가 집단으로 생육할 수 있었고 그들을 괴롭히는 천적들도 많지 않으므로, 느리게 나는 이 나비의 입장에서는 살아가기 아주 좋은 곳이라 안심하고 살게 된 것으로 인정하고 있습니다.

7 해충인 장수하늘소는 왜 천연기념물로 지정되었을까요?

장수하늘소는 딱정벌레 종류의 곤충 중에서 몸이 가장 큰, 동아시아 최대의 하늘소라서 '장수'라는 이름이 붙었습니다. 장수하늘소의 몸길이는 수컷이 약 7~12cm이고 암컷이 약 7~8cm 정도로 수컷이 조금 큽니다.

장수하늘소의 몸 색깔은 검정색 또는 흑갈색을 띠고 있는데 겹눈을 제외하고는 노란색의 짧은 털로 온몸이 덮여 있습니다. 머리꼭대기에는 세로로 1개의 홈이 뚜렷하게 나 있습니다.

장수하늘소는 다른 곤충들과는 다르게 큰 턱을 가지고 있는데 그 턱은 매우 단단하며 위쪽으로 약간 구부러져 있습니다. 큰 턱 바깥쪽에는 여러 개의 작은 이빨이 줄지어 나 있으며 위 끝은 두 갈래로 나뉘어 하나는 위쪽으로, 다른 하나는 아래쪽으로 구부러져 있는데 암컷이 수컷보다 작은 편입니다.

앞가슴등판 앞면에는 노란색 털 무더기가 8자 모양으로 덮여 있습니다.

몸통 좌우에는 여러 개의 가시돌기가 있는데 그중 앞뒤 양끝의 것은 수컷이 암컷에 비하여 짧은 편입니다. 딱지날개(굳은 날개)는 적갈색으로 노란색의 잔털이 있으며 날개 끝은 구부러졌습니다.

장수하늘소는 오래된 참나무나 상수리나무 등 늙은 나무들이 살아가는 극히 제한된 지역의 숲에서 살아가고 있습니다. 이런 곳에서 먹이를 쉽게 구할 수기 있기 때문이라고 생각할 수 있습니다.

참나무

어미벌레는 여름철인 6~9월에 활동을 활발하게 하게 되는데 오래된 나무의 굵은 가지나 나무줄기에 있는 혹 부분에서 나오는 나무진을 즐겨 빨아먹고 살아갑니다.

이들은 짧은 거리에는 날개를 사용하지 않고 기어 다니는데 먼 거리를 갈 때나 위험이 닥쳤다고 판단될 때에는 날개를 펴서 날아가기도 합니다. 이때 날개가 부딪히는 소리를 들을 수 있습니다.

장수하늘소는 암컷을 차지하기 위해 수컷 3~4마리가 모여 서로 상대방을 밀쳐내는 격렬한 싸움을 벌이는데 그중에서 가장 힘이 센 수컷이 암컷과 짝짓기에 성공합니다.

교미를 끝낸 암컷 장수하늘소는 죽어 있는 큰 나무의 줄기에 구멍을 뚫고 들어가 집을 만든 다음 타원형의 알을 낳는데 암컷 1마리가 낳는 알의 수는 약 90여 개 정도입니다. 하지만 기생벌 같은 육식성 곤충이나 나무밭발

이, 딱따구리 같은 새들에게 잡아먹히므로 적은 숫자만 부화하게 됩니다.

럭비공처럼 생긴 알의 크기는 약 6mm 정도이며, 처음에는 흰빛을 띠고 있습니다. 그러나 알을 낳은 지 약 30초가 지나면 갈색으로 변하고 다시 5분 정도 지나면 흑색으로 변해서 주변의 색깔과 비슷한 보호색을 갖게 됩니다.

암컷 장수하늘소는 살아 있는 나무보다는 다소 썩은 나무줄기를 뚫고 들어가 산란을 하는 것으로 보입니다.

알에서 깨어난 어린 애벌레는 자기가 태어난 집인 나무의 목질부*를 먹으며 살아가는데, 어미벌레가 되기까지의 기간은 약 3~5년이 걸리는 것으로 추정하고 있습니다.

장수하늘소는 우리나라를 비롯한 중국·시베리아(동부) 등지에서 살아가고 있습니다. 우리나라에서는 경기도 광릉과 강원도 강릉 소금강 지역에 살고 있지만 개체수가 아주 적어 멸종 위기에 이르렀으므로 1968년 천연기념물 제218호로 지정하여 보호하고 있습니다.

장수하늘소는 사실 산림을 해치는 해충이지만 희귀하기 때문에 천연기념물과 멸종 위기 야생 동물로 지정되었습니다.

장수하늘소는 문명의 발달로 인하여 심각한 자연파괴가 진행되면서 점차 사라지고 있습니다. 장수하늘소는 썩은 나무를 먹고 사는 것이 특징이므로, 수종 갱신을 한답시고 이들의 생활터전인 썩은 나무를 모두 베어버리지 말고 산림을 자연 그대로 두고 잘 보호한다면 다시 그 숫자가 늘어날 것으로 생각됩니다.

* 목질부는 나무에서 물과 양분을 이동시켜주는 통로로, 단단하여 목재로 쓸 수 있는 부분을 말합니다.

8 두점박이사슴벌레를 보호하기 위해서 어떻게 해야 할까요?

두점박이사슴벌레의 몸길이는 수컷이 약 4.5~6.5cm이고 암컷은 약 2.8~3.9cm입니다. 암수 모두 가슴 좌우 양측에 2개의 흑갈색 둥근 무늬가 있는 것이 특징입니다.

수컷은 머리 가운데에 한 쌍의 작은 돌기가 튀어나와 있으며 큰 턱이 시작하는 부분에도 큰 톱니가 안쪽으로 나 있고 끝부분에는 작은 톱니 4~5개가 나 있습니다. 수컷은 두 개의 집게발이 크게 나 있는 반면, 암컷의 경우 아주 작게만 보입니다.

두점박이사슴벌레의 특이한 점은 5~6월경에는 몸 색깔이 황갈색을 띠고 있지만 시간이 지남에 따라 점점 어두운 갈색을 띠는 것입니다. 마치 갈색에 검은색 테두리로 만든 갑옷을 입은 듯한 모습을 하고 있습니다.

두점박이사슴벌레의 어미벌레는 주로 해가 진 어두운 밤에 활동하는 야행성으로, 밝은 낮에는 토양 속이나 나뭇잎 뒤에 붙어 있거나 낙엽 속에 숨어서 휴식을 취합니다. 그러다가 해가 지고 밤이 되면 활동을 시작하는

데 불빛이 밝은 곳을 향해 날아갑니다.
 한여름인 7~8월의 낮에는 종종 나무진이 나오는 나무줄기에서 이들의 모습을 찾아볼 수 있습니다.

 두점박이사슴벌레의 어린 애벌레는 10월경에서 다음해 4월까지 모두 오래된 큰 나무 속에서 겨울을 나는데, 날씨가 본격적으로 따뜻해지는 5월경이 되면 나무에서 나와 생활하게 됩니다.

나무진

 두점박이사슴벌레 암컷은 6~8월 사이에 산란을 합니다. 주로 썩은 나무에 작은 홈을 파서 알을 낳고, 나무 부스러기로 구멍을 메웁니다. 알은 밝은 황갈색을 띠고 있으며, 자연 상태에서 약 2주 후 부화합니다.
 알에서 갓 깨어난 두점박이사슴벌레의 애벌레는 어미벌레가 되기까지 몇 년이 걸리며, 죽어서 썩어가는 나무 속에서 굼벵이 상태로 살아갑니다. 두점박이사슴벌레 성충의 먹이는 나무의 수액이나 부엽토 등이며 수명은 약 6~7개월 정도로 알려지고 있습니다.

 두점박이사슴벌레는 국외로는 동남아시아 일대에 널리 분포하는 열대우림의 곤충입니다. 우리나라에서는 유일하게 제주도에서만 볼 수 있는 특산종으로, 제주도에서는 귀하다기보다는 상당히 많이 볼 수 있던 곤충입니다. 하지만 근래에 이르러 두점박이사슴벌레가 살던 자연이 훼손되고 사람들이 등산을 많이 하는 관계로 이 곤충이 살아가는 터전을 빼앗기게 되어

썩은 나무와 부엽토

차츰 숫자가 줄어들고 있는 실정입니다. 그래서 2012년 5월 31일 멸종 위기 야생 동식물 2급으로 지정되어 보호받고 있습니다.

두점박이사슴벌레를 보호하기 위해서 어떤 새로운 방법을 취하는 것보다는 오래된 산림을 훼손하지 않는 것이 가장 좋은 방법입니다. 특히 산불을 내지 말고 자연 그대로를 보존하는 것이 가장 중요하며 산이나 숲 등지에서 낙엽을 마구 긁어버리거나 썩은 나무를 훼손하는 행동을 하지 않아야 합니다.

두점박이사슴벌레는 모두 나무와 밀접한 관련을 맺으며 살아가고 있으므로 나이가 오래된 굵은 나무가 많이 보호되고 있는 산림에서는 멸종하지 않고 살 수 있을 것입니다.

곤충학자들이 사라지는 곤충들을 되살리기 위해서 꾸준히 연구하는 과정에서 울산대공원과 강원도 자연환경연구공원 등에서 멸종 위기 1급 곤충인 두점박이사슴벌레의 인공증식에 성공하였다는 기쁜 소식이 전해지기도 했습니다. 무분별한 서식지 훼손과 급격한 기후변화 등의 사유로 곤충들이 점점 사라져가던 와중에 이번 인공증식 성공은 큰 가치가 있을 것으로 생각합니다.

9 비단벌레는 왜 공예 장식으로 쓰였을까요?

비단벌레는 곤충 가운데서도 특히 사람들의 눈을 사로잡을 만큼 겉모습이 예쁘고 화려한 곤충입니다.

비단벌레의 몸길이는 약 4cm에 이를 정도로 크고, 빛깔은 초록색 또는 노란 빛이 도는 초록색을 띠고 있어서 매우 화려해 보이기 때문에 아름다운 곤충으로 예전부터 인정받아 왔습니다.

어미 비단벌레의 앞가슴등판과 딱지날개(굳은 날개)에는 붉은색의 가로줄 무늬가 굵게 나 있습니다. 또 몸의 배면은 노란 녹색이고 가슴과 배의 중앙부는 노르스름한 연붉은색을 띠고 있는데 앞쪽은 색 분포가 넓은 데 비하여 몸 뒤쪽으로 갈수록 점점 좁아지고 있습니다.

수컷은 겹눈이 불룩하게 튀어나오고 배 끝이 삼각형으로 되어 있으며 몸의 양쪽에 연한 털이 암컷보다 많이 나 있습니다.

비단벌레는 한여름인 7~8월 햇볕이 뜨거운 한낮에 오래된 활엽수림 주변을 날아다닙니다. 이는 짝을 찾기 위한 비행으로, 나무 위로 높이 날아

올라 빛에 반사되어 반짝거리는 모습이 신호가 되어 암수가 만나게 됩니다.
 이런 행동을 반복하다가 짝짓기를 마친 암컷은 벚나무, 느티나무, 팽나무 등 먹이가 되는 굵은 나무껍질 틈을 찾아 들어가 알을 낳으며, 얼마 후에 알에서 부화한 애벌레는 자기가 태어난 나무 속을 파먹고 자랍니다. 그리고 나무 속에서 약 2~4년을 살다가 번데기가 됩니다.
 번데기에서 나온 비단벌레의 어미벌레는 추운 겨울 동안에는 굵은 나무 속에서 보내다가 더운 여름이 오면 밖으로 나와 넓은 공간으로 날아다닙니다.

 알에서 애벌레로, 그리고 번데기 과정을 거쳐 어미벌레로 변신하는 완전변태를 하는 비단벌레의 애벌레는 몸이 길쭉하고 우윳빛을 띠고 있으며 몸 앞쪽이 뒤쪽보다 불룩하게 부푼 모습을 하고 있어서 어미벌레와 전혀 다른 모습입니다.

 이 애벌레가 살고 있는 나무는 영양분 이동 통로를 파 먹히고 있으므로 피해를 당하여 자라는 데 많은 지장을 받기도 합니다. 그래서 비단벌레는 나무를 해치는 해충으로 여겨졌지만 아름다운 몸 색깔 때문에 오히려 사람들로부터 사랑을 받아오기도 했습니다.

 비단벌레의 애벌레에서 어미벌레가 되는 기간은 종류와 그들이 사는 환경에 따라서 각기 다르다고 하는데 심한 경우에는 몇십 년을 애벌레로 살기도 한다고 합니다.

 비단벌레는 우리나라에 분포하는 곤충 중 가장 아름다운 딱정벌레의 일종으로, 그 문화적·생태학적 가치와 함께 멸종 위기 대상 종으로서 그 보전대책이 요구됩니다.

특히 비단벌레는 몸의 색깔과 영롱함 때문에 어미벌레의 딱지날개가 장식물로 이용되는 등 여러 가지 공예에 사용되어 왔습니다. 우리나라는 신라시대 경주 고분에서 이 벌레의 토막이 발견되었고, 중국에서는 벌레에 금속 테두리를 씌워서 복장의 장신구로 사용한 흔적도 발견되었으며, 일본의 호류사에는 이 벌레의 딱지날개로 장식한 흔적이 있습니다.

비단벌레는 우리나라를 비롯한 일본, 중국 남부, 대만 등지에 분포해 있었는데, 환경오염으로 인해 그동안 우리나라에서 자주 발견되었던 장소인 내장산, 두륜산, 완도 등의 일대에서도 거의 찾아볼 수 없게 되어 환경부에 의해 2008년 10월 8일 천연기념물 제496호로 지정되었습니다.

그러나 오래된 나무들을 보호해 주면 비단벌레의 먹이와 삶의 터전을 만들어 주는 것이니 비단벌레의 숫자도 자연스럽게 늘어나게 될 것으로 봅니다.

그리고 다행스럽게도 국립공원 관리공단이 2009년부터 변산반도 국립공원의 자연자원을 조사하던 과정에서 멸종 위기종 2급이면서 천연기념물로 지정돼 있는 비단벌레가 집단으로 살고 있는 것을 확인했다고 합니다. 이는 우리나라의 비단벌레 서식지 중 가장 북쪽 지역으로, 이들이 살아가는 데 가장 안정된 장소로 인정됩니다.

비단벌레는 전 세계에 1만 5,000여 종이 있으며 우리나라에는 87종이 있는 것으로 알려져 있습니다.

10. 산굴뚝나비는 어떻게 제주도에서만 살게 되었을까요?

산굴뚝나비가 역사적으로 아주 중요한 곤충이라는 것을 아는 사람들은 많지 않습니다.

아주 오랜 옛날 제주도가 육지에 붙어 있었을 때 우리나라 전 지역에 분포해서 살아가던 산굴뚝나비는 지구의 지각변동으로 인하여 제주도가 섬으로 분리되는 바람에 제주도에서만 사는 나비가 되고 말았습니다.

그 후 지구가 온난화됨에 따라 산굴뚝나비들은 자연스럽게 제주도의 온도가 높은 지역에서 온도가 낮은 고산지대나 북쪽으로 생활 터전을 옮기게 되었습니다. 그래서 우리나라에서는 제주도 한라산의 1,300m 이상의 풀밭에서만 볼 수 있는 귀한 나비가 되고 말았습니다.

이처럼 산굴뚝나비는 과거 지구의 역사를 알려주는 살아 있는 화석이기 때문에 매우 귀중한 곤충입니다.

산굴뚝나비의 크기는 날개를 폈을 때 4.5cm 정도입니다. 날개 앞면은 거무스름하고 옅은 색을 띠고 있으나 날개 중앙에서 바깥선 쪽으로 황갈색의

넓은 띠가 둘려져 있습니다. 앞날개 앞면에는 2~3개의 검은 눈 모양의 무늬가 2개 박혀 있고 그 중앙에 흰 점이 조그맣게 찍혀 있으며 날개 뒷면도 앞면과 거의 같은 모양을 하고 있습니다.

산굴뚝나비의 암컷은 일반적으로 수컷에 비하여 크고 날개의 바탕색이 연합니다. 수컷은 화산암 위에 앉아서 쉬고 있을 때가 많은데 날아다니면서 솔채꽃, 송이풀, 꿀풀의 꽃에 모여들어 꿀을 빨아먹으며 살아갑니다.
산굴뚝나비는 고산식물인 키 작은 나무와 다년생 풀이 우거진 곳에서 살아가는데, 바람이 불면 바람을 이용해서 멀리 날아가기도 하지만 일반적으로 날 때에는 겨우 5~6m 정도 날아가다가 내려앉는 것이 고작입니다.

산굴뚝나비의 암컷은 김의털*이라는 식물의 잎에 하나씩 알을 낳는데, 애벌레는 밤에는 잎 끝으로 이동하여 잎을 갉아먹어 영양분을 보충한 다

* 김의털은 벼과의 여러해살이풀로 고산지대에 살며, 산거울이라고도 합니다.

꿀풀

김의털

음에 해가 떠오르는 낮이 되면 식물의 뿌리 근처로 내려가 거의 움직이지 않고 조용히 숨어서 쉬기만 합니다.

  산굴뚝나비는 남한에서는 제주도 고산 지대에서만 살고 있어 환경이 극히 제한되어 있기 때문에 생물 보전의 매우 중요한 위치에 있으며, 후대에 꼭 물려주어야 할 중요한 생명 자산입니다. 하지만 한라산의 관광객 증가와 각종 개발, 그리고 지구 온난화 영향으로 이들의 생활터전이 위협받고 있는 실정입니다.
  그래서 정부에서는 산굴뚝나비를 제주도 특산 곤충으로 인정하여 천연기념물 458호로 지정·보호하고 있습니다. 특히 이들의 먹이가 되는 식물 군락지에는 관광객의 출입이 엄격히 제한되어야 할 것입니다.

11. 주홍길앞잡이가 멸종 위기종에서 해제된 이유는 무엇일까요?

주홍길앞잡이라는 이름은 우선 이 곤충의 등딱지가 주홍색으로 덮여 있으며 풀숲에 숨어 있다가 사람이나 동물이 지나가면 재빨리 날아서 앞의 풀밭에 내려앉아 마치 길을 안내하는 것처럼 보였기 때문에 붙여진 이름입니다.

주홍길앞잡이 수컷의 몸길이는 1.5~1.6cm 정도이고 암컷의 몸길이는 1.6~1.7cm 정도로 암컷이 수컷보다 조금 더 큽니다.

몸 빛깔은 반짝반짝 빛이 나는 청록색을 띠고 있으며 머리의 윗부분과 앞가슴등판은 금빛이 도는 녹색을 띠고 있습니다.

위턱은 연한 노란색이고 입 주위는 검은색이며, 입 가운데 부분에는 뾰족한 이빨 돌기가 1개 솟아 있습니다.

딱지날개는 붉은색으로 보랏빛 광택이 나며 딱지날개의 바깥쪽에는 노란색 가로무늬가 3쌍 선명하게 찍혀 있습니다.

첫 번째 무늬는 길이가 짧은 편이고 두 번째 무늬는 약간 구부러진 모양이며 세 번째 무늬는 갈고리 모양을 하고 있는데 끝이 둥근 모습으로 나 있습니다.

아름다운 색으로 멋을 부린 것과 다르게 길앞잡이는 매우 사나운 육식성 곤충입니다.

주홍길앞잡이의 머리 위 양쪽 겹눈은 크게 툭 튀어나와 있어 마치 사마귀와 비슷한 삼각형 모양을 하고 있으며, 날카로운 이빨이 발달한 큰 턱이 낫처럼 휘어져 겹쳐 있는 모습은 누가 보아도 다른 동물을 잡아먹는 전형적인 육식성 곤충의 모습입니다.

주홍길앞잡이는 한낮에 활발하게 활동하는 주행성 곤충으로, 뙤약볕을 좋아하고 빠른 걸음으로 돌아다니다가 마주치는 개미나 무당벌레, 나방, 애벌레 등 작은 곤충을 습격해 큰 턱으로 씹어 먹습니다.

그러나 주홍길앞잡이는 온도에 매우 민감해서 흐리고 추운 날씨에는 잘 돌아다니지 않습니다. 이런 날씨에는 평상시 보던 재빠른 모습은 볼 수가 없고 사람과 마주치면 가까운 풀숲으로 숨어버립니다.

기온이 높지 않은 이른 봄 아침에는 양지쪽에 앉아서 햇볕을 되도록 많이 받으려고 노력하는데 이때는 매우 느리게 행동합니다.

이와 반대로 무덥고 햇볕이 강한 한여름에는 동작이 매우 빨라지는데, 온도를 낮추기 위해서 발끝을 세우고 몸을 바짝 쳐들어 되도록 지면의 열을 받지 않으려고 애를 씁니다. 그것도 안 되면 빨리 뛰어가서 나뭇잎이 우거진 그늘에 들어가 수풀 사이로 몸을 숨깁니다.

주홍길앞잡이는 수풀이 우거지지 않은 들판이나 잔디가 심어져 있는 마

른 흙이 드러난 무덤가 근처에 흙을 파내서 굴을 만든 다음 그 속에 들어가서 알을 낳습니다.

　알에서 깨어난 어린 주홍길앞잡이 애벌레도 제 어미와 마찬가지로 작은 곤충이나 벌레, 개미 등을 잡아먹으며 성장합니다. 애벌레는 굴 입구에 머리를 내놓고 기다리고 있다가 굴 앞으로 지나가는 벌레가 있으면 갑자기 밖으로 튀어나가 억센 턱으로 물어 굴속으로 끌고 들어가서 게걸스럽게 먹어치웁니다.

　주홍길앞잡이 애벌레가 사는 굴 입구 근처에는 곤충들의 날개 등이 떨어져 있어서 그들이 살고 있는 굴의 위치를 알 수 있습니다.

　그러나 주홍길앞잡이 애벌레는 자기가 살고 있는 구멍 밖으로 머리를 내밀고 있다가 몸집이 큰 동물이 지나가면서 땅을 밟을 때 울리는 진동을 느끼면 재빨리 굴속으로 몸을 숨기는 민첩한 행동을 보이기도 합니다.

　주홍길앞잡이 애벌레가 사는 지역으로는 중국, 만주, 시베리아 동부, 티베트 등지가 있습니다. 주홍길앞잡이 어미벌레는 한국전쟁 직후까지 중부 지방에서 자주 볼 수 있었고 1970년대 이후로는 포천의 왕방산이나 수원 지방에서 찾아볼 수 있었으나, 1990년대 이후로는 우리나라 어느 지역에서도 그 모습을 찾아볼 수 없습니다.

　그래서 우리나라에서는 이미 사라진 곤충으로 여겨져 2012년 멸종 위기 야생 동식물에서 해제되었습니다. 따라서 주홍길앞잡이는 우리나라 어느 곳에서도 볼 수 없는 안타까운 곤충이 되고 말았습니다.

　주홍길앞잡이가 멸종된 이유로는 최근 30~40년 동안 국토의 도시화로 인하여 곤충들이 살아가는 장소가 파괴되어 점차 감소하다가 멸종된 것으로 보고 있습니다.

12 수염풍뎅이는 왜 살 곳을 잃어버리게 되었을까요?

수염풍뎅이는 검정풍뎅이 무리 가운데서 몸집이 가장 크고 특이한 모습을 하고 있습니다. 특히 수컷의 더듬이가 잘 다듬어진 수염 같은 모습을 하고 있어 수염풍뎅이라 불렀다고 합니다.

수염풍뎅이는 우리나라에서 북쪽으로는 신의주, 남쪽으로는 대구를 지나 바다 건너 제주도에도 살았던 기록이 남아 있어 한반도 전역에서 살았다고 볼 수 있습니다.

현재 수염풍뎅이는 제주도를 비롯한 우리나라 전 지역에서 찾아볼 수 있으며, 일본과 중국에서도 살고 있습니다.

수염풍뎅이의 몸길이는 3.3~3.7cm 정도인데 머리는 몸에 비하여 작은 편입니다. 몸은 굵고 긴 타원형인데 빛깔은 짙은 갈색이고 불규칙한 흰색의 얼룩무늬가 곳곳에 박혀 있습니다. 몸 아랫면과 다리는 황갈색이고 배 마디에는 연한 노란색의 짧은 털이 촘촘히 나 있습니다.

수컷의 앞다리 종아리마디에는 가시돌기가 2개 있으며 암컷에는 3개가 나 있습니다.

수염풍뎅이는 풍뎅이 종류 중에서 더듬이가 가장 큰데 수컷은 7마디로 매우 길고 중간에서 바깥쪽으로 구부러져 있으며, 암컷은 5~6마디로 수컷보다 짧고 직선으로 되어 있습니다.

수염풍뎅이 딱지날개는 타원형으로, 흐릿한 세 줄이 세로로 솟아오른 것을 볼 수가 있습니다.

수염풍뎅이의 성장 과정을 살펴볼까요? 알에서 어미 수염풍뎅이가 되는 기간은 자그마치 약 4년이라는 긴 시간이 걸리는데 매년 애벌레 상태로 나무 밑의 땅 속에 들어가서 추운 겨울을 보내고 다음해 온도가 올라가는 6월경에 번데기가 되었다가 수염풍뎅이 어미벌레가 됩니다.

수염풍뎅이 어미벌레는 늦은 봄부터 가을까지 활동하지만 주로 한여름인 6~7월에 가장 활발하게 활동하며, 밤에 불빛이 비치는 밝은 곳에서 찾아볼 수 있습니다.

수염풍뎅이 어미벌레는 야행성 곤충으로, 참나무의 수액이나 과일즙을 먹으면서 약 2개월간 살다가 알을 낳고는 더 이상 살지 못하고 죽습니다. 만약 기온이 높고 먹이가 풍부하다면 3년 이상 살 수 있다고 합니다.

수염풍뎅이의 애벌레는 땅 속에서 살아가면서 소나무 종류나 사시나무류, 참나무 등의 뿌리를 갉아먹으며 살아가므로 나무들에게 해를 끼치기도 합니다.

일반적으로 수염풍뎅이는 농민들의 경작지 근방의 풀밭에서 많이 살고

있는데 주로 파꽃이 피어 있는 곳에서 자주 볼 수 있었습니다.

그런데 경제개발이 본격화된 1970년대부터 수염풍뎅이를 자주 볼 수 없게 되어 현재는 멸종 위기 동물 1급으로 지정되어 보호받고 있습니다.

수염풍뎅이 애벌레는 나무뿌리를 갉아먹고 산다.

그들이 왜 이처럼 멸종되어 가는지 정확한 근거를 찾지는 못했으나 환경 파괴가 그 원인일 것이라고 추측하고 있습니다.

수염풍뎅이는 넓고 기름진 좋은 땅에서만 사는 것이 아니라 사람들의 관심이 없는 하천이나 산림 등 이들이 좋아하는 나무들만 있으면 만족하고 살아갑니다. 하지만 인간들이 하천변의 넓은 부분은 시멘트로 길을 내어 공원을 만들어 버렸고 시골의 공터에는 비닐하우스가 들어서서 이들이 살아갈 곳의 상당부분을 점령해 버렸습니다.

즉 그들이 마음 놓고 살아갈 수 있는 하천변의 공터나 풀밭 그리고 산속까지 사람들의 발길이 끊이지 않아 자연이 모두 훼손되었기 때문에 이들이 살 곳을 찾지 못하여 차츰 그 숫자가 줄어들게 되었고, 급기야는 멸종 위기로 몰리게 된 것입니다.

이처럼 수염풍뎅이의 고향인 물가 주변의 풀밭이나 나무숲을 잘 가꾸는 일은 수염풍뎅이뿐만 아니라 다른 종류의 동식물들도 되살리는 일입니다.

13 상제나비는 어디서 어떻게 살아갈까요?

상제나비는 한반도에서 중북부 일부 지역에서만 살아가는 곤충으로, 남한지역에서는 경기도 명지산에서 살아온 기록이 있으나 현재 강원도의 극히 제한된 지역에서만 드물게 살아가는 나비입니다. 5월 중순에서 6월 초에 가장 활발하게 활동하며 1년에 한 번 나타납니다.

북한 지역에서는 6월 중순부터 8월 상순에 걸쳐 나타나며 3령의 애벌레 상태로 월동을 합니다.

상제나비의 날개를 편 길이는 6.5~7.5cm 정도로 암컷은 수컷보다 날개가 조금 크고 날개색이 다소 옅어 반투명해 보입니다.

상제나비는 특히 깊은 숲속보다는 숲이 시작되는 숲 가장자리를 좋아하는데 1,300m 이상에서 정상에 이르는 풀밭에서 주로 볼 수 있습니다. 상제나비 암수 모두 엉겅퀴, 토끼풀 등 꽃이 피어 있는 식물에서 꿀을 빨아 먹기 위해서 꽃을 찾아 열심히 날아다니는데, 수컷은 화산암 위에 앉아서 쉬고 있을 때가 많습니다.

엉겅퀴

화산암

　멸종 위기 곤충인 상제나비의 암컷과 수컷을 구분할 수 있는 방법은 암컷은 절반 이상이 황색으로 되어 있으며 수컷은 더듬이 끝만 황색이므로 자세히 살펴보면 구분할 수 있습니다.

　상제나비는 바람이 불거나 다른 동물에 의해서 놀라게 되면 공중으로 날아서 멀리 가기도 하지만 일반적으로 날아갈 때에는 멀리 날지 못하고 5~6m 날아가는 경우가 보통입니다.

　상제나비 암컷은 나뭇잎 뒷면에 약 50~60개 정도의 알을 한꺼번에 산란하는데, 알에서 깨어난 애벌레들은 나뭇잎에 실을 토해 엮어서 집단으로 생활하다가 먹이를 먹을 때에는 다른 잎으로 이동하는 습성이 있습니다.
　상제나비는 애벌레 상태로 겨울을 나는데 벚나무, 개살구나무, 모과나무 등의 가지에서 집단으로 모여서 추위를 이겨 냅니다.
　상제나비 애벌레는 특히 과일나무를 좋아하기 때문에 과일나무 잎을 즐겨 먹으며 나뭇잎에 집을 짓는 일이 많습니다.

　애벌레로 추운 겨울을 힘들게 보낸 상제나비 애벌레들은 번데기가 되기

위해서 지금까지 한 장소에 모여 있던 집단생활을 버리고 각자의 갈 길을 찾아 뿔뿔이 흩어집니다. 그리고 어미벌레가 되기 전의 마지막 단계인 번데기가 되기 위해서 주위에 있는 나뭇가지로 올라가 안전한 장소를 찾아서 번데기로 변하게 됩니다.

상제나비는 일본, 중국, 한국, 유럽 등에 살고 있는데, 우리나라에서는 희귀곤충으로 분리되어 보호받고 있으며, 현재는 강원도에서 극히 제한된 지역에서만 드물게 관찰되는 종으로 멸종 위기 야생동물 1급으로 지정(2012년 5월 31일)되어 보호받고 있습니다.

상제나비가 사는 곳은 대부분 마을 주변에서 산으로 이어지는 곳으로 나무가 별로 없는 구릉지역입니다. 애벌레들은 이런 곳에서 자라는 과일나무나 털야광나무 등의 잎을 실로 엮어서 집단으로 겨울을 나는데, 천적들의 눈에 띄기 쉽기 때문에 그 숫자가 점점 줄어들고 있습니다.

상제나비는 지난 1996년 강원도에서 발견된 것을 끝으로 국내에서는 자취를 감추었으며, 현재 북한과 중국에 서식 중인 것으로 알려졌습니다.

최근 다행스럽게도 우리나라에서는 멸종 위기종으로 지정된 상제나비가 몽골에서 발견됐다는 보도가 있었습니다.

국립 생물자원관은 몽골·중국과 생물다양성 보전을 위한 공동 연구를 하던 중 몽골에서 상제나비를 발견하였는데, 비교적 추운 지방에 사는 북방계 곤충인 상제나비가 기후 변동으로 인해 서식지를 옮긴 것은 아닐까 추측하고 있다고 합니다.

14. 대모잠자리가 살아가기에 좋은 장소는 어디일까요?

대모잠자리라는 이름은 이 잠자리의 날개 무늬가 대모거북과 비슷하다고 해서 붙여진 이름입니다.

이들은 주로 식물들이 썩어서 쌓여 있는 연못이나 습지가 많은 곳에서 살아갑니다.

대모잠자리의 몸 색깔을 보면 머리는 검은색이고 뒷머리나 이마 및 입술은 황갈색이며, 배 길이는 약 2.7cm이고 뒷날개 길이는 약 3.3cm로 암컷이 수컷보다 조금 작은 편입니다.

황갈색의 짧은 잔털이 온몸에 나 있고 가슴과 배 부분은 흑갈색인데 등에는 검은색 줄무늬가 있습니다. 날개는 투명하고 흑갈색 무늬가 각 날개의 세 곳에 찍혀 있습니다.

우리나라에서는 4월 하순부터 6월까지 볼 수 있는데 교미가 끝나면 암컷은 물풀에 알을 낳습니다. 알에서 깨어난 대모잠자리 애벌레의 크기는 약

대모거북

1.7~2.2cm로 온몸이 많은 털로 덮여 있습니다.

　대모잠자리 애벌레는 허물벗기를 거듭하며, 물속에서 다 자라면 며칠 동안 전혀 먹이를 먹지 않고 지내게 되는데 이때 날개가 만들어지는 부분이 조금씩 부풀어 오릅니다.

　또 애벌레의 눈 부분이 투명해지고 물속에서는 직장 호흡으로 살아갔으나 육상생활에서는 공기 호흡을 하게 됩니다. 물속 생활에서는 닫혀 있던 가슴 부위의 기문이 열려 그곳으로 공기 호흡을 하게 되는 것입니다.

　공기 호흡으로의 변화 때문에 대모잠자리 애벌레는 물속에서 나와서 허물벗기에 필요한 지지대를 찾아다니며 호흡작용의 과정을 거치게 됩니다.

　이렇게 호흡 적응이 끝나면 애벌레는 튼튼한 풀줄기나 나뭇가지에 매달린 다음 등 부위가 갈라지면서 그 사이로 몸이 빠져나오게 되는데 드디어 대모잠자리가 태어나게 되는 것입니다. 번데기 밖으로 빠져나온 다리가 마를 동안 휴식을 취하는데 배 부분과 날개를 늘인 다음에 접혀 있던 날개를 펼칩니다.

　대모잠자리는 2시간 정도 껍질 벗기 과정을 거치는 동안 숨거나 도망가지 못하므로 천적들에게 잡아먹히게 되는 경우가 자주 일어나기도 합니다.

　다 자라지 못한 대모잠자리 암수는 연한 갈색을 띠지만 완전하게 자라면 진한 흑갈색을 띠게 됩니다.

대모잠자리는 연못 주위에 작은 영역을 확보하고 갈대 줄기에 앉아서 영역 경계 활동을 합니다. 짝짓기가 끝난 암컷은 수컷의 보호를 받으며 배 끝부분으로 수면을 치듯이 하여 수면 또는 수중에 직접 알을 낳는데 산란된 알은 약 일주일 후에 12번의 허물벗기를 한 후 월동하게 됩니다.

대모잠자리는 오전 중에는 활동이 활발해서 날아다니면서 많은 양의 먹이를 먹고 오후가 되면 풀숲에 앉아서 쉽니다.
대모잠자리는 갈대와 같은 수생식물이 많이 자라서 유기질이 많이 들어 있는 환경의 연못이나 습지에서 살아가는데, 이러한 환경이 많이 발달해 있는 서해안 근처의 연못에서 주로 관찰되었습니다. 내륙에서는 갈대가 많이 우거진 오래된 연못 주위에서 작은 무리들이 살고 있는 모습이 보이기도 했습니다.

대모잠자리는 우리나라를 비롯하여 일본·중국 등지에 살아가고 있습니다. 하지만 인간의 무분별한 환경 개발로 서식지가 사라지고 개체 수가 점점 줄어들어 2012년 5월 멸종 위기종으로 지정되었습니다.
자연 훼손과 수질 오염을 줄이게 되면 다시 찾아올 것이므로 대모잠자리들이 살아가는 데 좋은 환경을 보존해 주는 것은 중요한 일입니다.
다행스럽게도 최근에 전남 영암 월출산 국립공원사무소에서 환경부 지정 멸종 위기 2급 생물인 대모잠자리를 발견했습니다.

15. 닻무늬길앞잡이는 왜 사라지게 되었을까요?

길앞잡이 곤충들은 딱정벌레의 한 종류로, 육식 곤충이며 커다란 턱과 툭 튀어나온 눈이 특징입니다.

닻무늬길앞잡이라는 이름은 이 곤충의 딱지날개에 마치 배의 닻과 같은 무늬가 있다고 해서 붙여진 이름입니다. 북한에서는 길당나귀라는 이름으로 불리고 있습니다.

닻무늬길앞잡이는 한때 우리 주위에서 자주 볼 수 있었던 곤충인데 어느 날 갑자기 자취를 감추고 말았습니다.

닻무늬길앞잡이의 몸길이는 약 1.2~1.5cm이고, 빛깔은 올리브색 또는 초록색을 띤 갈색이며 등에는 녹색과 황갈색의 세로줄무늬가 있습니다.

윗입술은 노란색으로 약간 둥글며 튀어나와 있고 중앙에 날카로운 이빨이 1개 있는데 양 눈 사이는 오목하게 들어가 있습니다.

닻무늬길앞잡이 수컷의 딱지날개는 끝이 뾰족하고, 암컷은 안쪽으로 오므라들었는데 딱지날개의 전면이 점무늬로 덮여 있으므로 날개의 생김새를 보고 암컷과 수컷을 구별할 수가 있습니다.

 닻무늬길앞잡이는 육식성으로 자기보다 약한 곤충을 잡아먹고 삽니다. 그러나 닻무늬길앞잡이 애벌레에 붙어서 살고 있는 기생벌이나 애벌레를 잡아먹는 개미들이 많이 살고 있는 장소를 매우 싫어합니다.

 닻무늬길앞잡이 어미벌레는 주로 한낮에 활발하게 활동하는데 몸놀림이 매우 민첩해서 잘 날아다니며, 기후와 환경변화에 매우 민감합니다.
 닻무늬길앞잡이들은 바닷가의 열대 우림과 사막, 초원의 목초지 등에서 살고 있으며 1년이 넘는 기간 동안 땅 속에 굴을 파고 삽니다. 애벌레도 어미와 같이 육식성으로, 굴속에서 조용히 있다가 개미 같은 작은 벌레가 땅 위를 걸어가는 느낌을 받으면 굴 입구로 재빨리 나와서 잡아먹습니다.

 닻무늬길앞잡이의 암컷은 교미가 끝난 후 3~5일 후부터 산란을 시작하는데 한 번에 1~6개 정도 낳고 모두 80여 개의 알을 낳습니다. 물이 잘 빠

닻무늬길앞잡이는 모래밭에 주로 서식한다.

지는 장소를 찾아서 땅속 1.5cm 정도에 굴을 판 다음에 세워서 낳고, 알에서 애벌레가 되는 기간은 약 7~10일 정도 걸립니다.

주홍길앞잡이는 산길이나 풀밭에서 살고 있는 반면, 닻무늬길앞잡이는 습지 또는 해변의 모래밭 또는 갯벌 등에서 살아가는 특징이 있습니다.
 닻무늬길앞잡이는 불과 2, 3년 전만 해도 서해안 용유도 해수욕장 부근에서 적지 않은 개체수가 발견되었습니다.
 그러나 관광객의 급증과 모래사장 위를 쉴 새 없이 주행하는 삼륜 오토바이로 인한 서식지 파괴로 2003년 이후에는 그 모습을 찾아볼 수 없게 되었습니다. 그래서 2012년 5월 31일 멸종 위기 야생동식물 2급 환경부 보호종으로 지정되어 보호받고 있습니다.

닻무늬길앞잡이는 우리나라를 비롯하여 일본, 타이완, 중국 등에서 살아가고 있습니다. 우리나라에서는 2003년 용유도에서 발견된 것을 마지막으로 자취를 감추었지만 2009년에 태안의 해안 사구에서 서식지가 재확인되어 희망을 주고 있습니다.

길앞잡이는 곤충 기네스 부문 중 땅 위에서 가장 빨리 달리는 곤충으로 등록되어 있습니다. 오스트레일리아에 살고 있는 길앞잡이는 1초에 2.5m를 달린 기록을 세운 적이 있습니다.

16 깊은산부전나비는 왜 쉽게 보기 힘들까요?

부전나비는 대체로 몸집이 작은 소형 나비로, 날개 윗면은 여러 가지 빛깔과 무늬가 있으며 뒷날개에는 꼬리 모양의 돌기가 길게 발달해 있습니다.

부전나비는 빠르게 날다가 물가에 앉아 쉬면서 물을 먹기도 하며, 각종 꽃에도 잘 모여듭니다.

지금까지 전 세계에 약 6,000종 이상이 살아가고 있는 것으로 알려져 있는데, 우리나라에는 4아과 56여 종이 분포하고 있습니다.

그중 이번에 알아볼 부전나비는 깊은산부전나비로, 산 속의 높은 지대에서 살아가는 나비입니다.

깊은 산지에서 주로 살고 있다고 해서 이름 지어진 깊은산부전나비는 높은 산의 잡목림이나 그 주변 계곡에서 살아가기 때문에 쉽게 보기 어려운 나비입니다.

우리나라에 서식하는 부전나비 중 가장 큰 깊은산부전나비의 날개를 편

길이는 약 3.7cm인데 수컷에 비해 암컷의 날개가 조금 더 큽니다.

깊은산부전나비의 생김새는 암컷과 수컷이 눈에 띄게 뚜렷한 차이를 보이지 않으며, 암수 모두 앞·뒷날개와 가슴 및 복부 등이 전반적으로 암갈색을 띠고 있습니다. 뚜렷한 무늬는 없으나 날개의 바깥 가장자리가 둥글며, 날개 윗면에 흰색 무늬가 여러 개 찍혀 있습니다. 날개 아랫면은 백색으로 햇빛에 잘 반사됩니다.

수컷 깊은산부전나비는 해 뜨기 직전이나 해 지기 전 어두워질 때에 잠깐씩 활발하게 활동하는데 높이가 낮은 풀 위에 조용히 앉아서 일광욕을 하고, 햇볕이 내리쬐는 한낮이 되면 높은 참나무 잎에 앉아서 쉬고 있기도 합니다. 특이하게 폭우가 내리거나 바람이 세게 분 다음 날 아침에는 산 아래로 내려와 낮은 평지에서 날아다니기도 합니다.

암컷은 7월 중순경부터 애벌레의 먹이가 될 식물의 겨울눈 자리 아래에 알을 하나씩 낳는데 이른 봄 부화한 애벌레는 나뭇잎을 여러 개 포개 자기 몸에서 토해낸 실로 꼼꼼히 엮은 다음 그 안에서 생활합니다. 다 자란 애벌레는 그동안 머물던 먹이 식물에서 땅으로 내려와 낙엽 사이로 들어가 어른벌레가 될 준비기간인 번데기가 됩니다.
 이렇게 깊은산부전나비는 알 상태로 월동하다 다음해 6~8월경에 나비로 다시 깨어나게 됩니다.

깊은산부전나비는 높은 산지의 잡목림이나 그 주변 계곡에 살아가면서 높이 매달린 참나무의 잎 위에서 지내기 때문에 보통은 쉽게 볼 수 없습니다.

버드나무

느릅나무

 깊은산부전나비는 1,000m 정도의 산림인 참나무, 물푸레나무, 버드나무, 가래나무, 느릅나무 등으로 구성된 활엽수림에서 살고 있는데 어린 애벌레가 먹고 자라는 나무는 버드나무와 사시나무 등입니다.

 중국 서부, 러시아 극동지방 등에 살고 있는 깊은산부전나비는 우리나라의 설악산과 태백산, 소백산, 계룡산 등에 국지적으로 분포하고 있는데, 2012년 5월 31일 멸종 위기 야생동식물 2급으로 지정되어 보호받고 있습니다.
 이 나비가 줄어드는 원인은 애벌레의 먹이 식물 분포 범위가 줄어들거나 과도한 채집 때문인 것으로 보입니다.

 부전나비 종류는 나비 가운데 가장 큰 집단으로, 전체 나비 종류 중에서 약 40%를 차지할 정도로 대단히 많이 살고 있습니다.
 일반적인 부전나비의 생태를 알아보면 모두 제각기 특징을 가지고 살아갑니다.
 종류가 많은 부전나비들은 종류에 따라서 먹이도 대단히 다양한 편으로, 담흙부전나비는 엉겅퀴, 개망초 등의 꽃에서 나오는 꿀을 먹으며 살아가는

괭이밥

굴참나무 잎

데, 애벌레 시절에는 자기 몸에서 나오는 달콤한 분비물을 개미에게 먹게 해 주는 대신 개미집에서 삽니다. 그리고 바둑돌부전나비는 애벌레 시기에 풀줄기에 모여 있는 진딧물의 분비물을 얻어먹으며 자라고, 어미벌레가 되어서도 진딧물의 분비물을 먹으며 살아갑니다.

 그 외 남방부전나비는 밭이나 길가, 빈터에서 자라는 괭이밥이라는 식물을 먹으며 살아가고, 주홍부전나비는 소리쟁이를 즐겨 먹으며, 먹부전나비는 돌나물을 먹고 삽니다. 또 물빛긴꼬리부전나비는 굴참나무 잎을 먹고 살아갑니다.

 이처럼 부전나비는 종류도 다양하지만 살아가는 방법도 대단히 다양합니다.

17 노란잔산잠자리는 언제 마지막으로 관찰되었을까요?

잠자리의 이름은 보통 잠자리의 가슴 옆면과 등쪽 줄무늬의 색깔과 모양을 보고 짓습니다.

노란잔산잠자리는 몸 전체가 검은색 바탕으로 되어 있고, 위에 황색의 줄무늬가 있습니다.

노란잔산잠자리는 잠자리 중에서 몸집이 큰 종류에 해당되는데, 뒷날개 길이는 4.5~5.0cm 정도이며 몸의 길이는 7.0~7.5cm 정도이고 배의 길이는 5.5~6.0cm로, 몸에 비하여 배의 길이가 매우 깁니다. 모든 잠자리가 이렇게 배의 길이가 긴 것이 특징입니다.

이 잠자리들의 몸 색깔과 무늬는 암수가 약간씩 다른데 일반적으로 수컷의 날개 색깔은 푸른 광택이 나는 검은색을 띠는 데 비하여 암컷의 경우 날개에 조금 붉은빛을 띤 누런색인 등황색 무늬를 가지고 있습니다. 성숙한 노란잔산잠자리 수컷의 가슴은 금속광택이 강하고 검은 빛이 나는 청록색을 띠고 있습니다.

노란잔산잠자리는 보통 잠자리와 생김새가 비슷하나 검은 바탕의 배에 나 있는 노란색 무늬의 가운데가 끊어진 형태를 하고 있어 다른 잠자리들과 구별됩니다.

노란잔산잠자리는 6~8월에 나타나 공중을 가볍게 날아다니며, 애벌레의 형태로 월동을 합니다.

노란잔산잠자리 애벌레가 어른벌레로 변하는 기간은 약 20개월 정도인데 애벌레의 앞머리에는 뿔같이 생긴 돌기가 있으며 뒷머리 양쪽에도 작은 돌기가 나 있습니다. 또 뒷다리 근처와 날개 부근, 그리고 배 가장자리에는 둥근 흑갈색 무늬가 있습니다.

노란잔산잠자리는 낮은 산지나 구릉지에 있는 하천에서 살아가며, 애벌레는 강이나 하천에 있는 자갈과 모래 속에서 숨어서 살아가는데 이른 새벽

노란잔산잠자리 애벌레는 하천의 자갈 속에 숨어 산다.

노란잔산잠자리는 보통 잠자리와 생김새가 비슷하나 검은 바탕의 배에 나 있는 노란색 무늬의 가운데가 끊어진 형태를 하고 있어 다른 잠자리들과 구별됩니다.

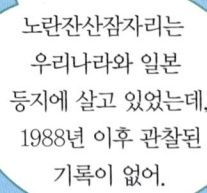

노란잔산잠자리는 우리나라와 일본 등지에 살고 있었는데, 1988년 이후 관찰된 기록이 없어.

물가에 나 있는 풀숲으로 기어 올라와 약 3시간 30분이라는 긴 시간 동안 애벌레의 껍질을 벗고 어미벌레인 잠자리로 탈바꿈합니다.

갓 깨어난 미성숙 노란잔산잠자리는 그 자리에서 안정을 취한 다음 주변 숲으로 이동하여 먹이를 잡아먹으며 성숙한 잠자리가 되어갑니다.
완전한 노란잔산잠자리로 성숙한 수컷은 물가로 돌아와 암컷을 찾는데, 특히 해가 질 무렵에 활발하게 움직입니다.
어미 노란잔산잠자리는 날아다니다가 키가 큰 나무에 앉아서 교미하고, 교미를 마치면 근처의 냇물 위를 날아다니며 배 끝으로 물 위를 치면서 물 속에 알을 낳습니다.

노란잔산잠자리는 우리나라의 중북부, 러시아 남부, 일본에 분포하여 살아가는데, 우리나라에서는 1964년에 서울 북한산에서 처음 보고되었으며 이후 1988년 경기도 연천에서 확인된 이후 공식적으로 관찰된 기록이 없습니다. 2012년 5월 31일 멸종 위기 야생동식물 2급으로 지정되어 보호받고 있습니다.

잠자리는 전 세계적으로 널리 분포해서 살아가는데 현재 약 5,000여 종이 있는 것으로 알려져 있으며, 우리나라에는 약 87종이 있습니다.
일반적으로 모든 잠자리의 대부분이 어린 시절에는 물속에서 살다가 어미벌레가 되면 물가의 풀잎에서 살아갑니다.
여러 해충을 잡아먹는 입이 잘 발달되어 있고, 특히 눈이 크다는 것이 잠자리들의 일반적인 특징입니다.
일부 잠자리를 제외하면 대부분의 잠자리들은 항상 날개를 쫙 펴고 앉아

대부분의 잠자리는 날개를 쫙 펴고 앉아 있다.

있는데, 그 이유는 예비동작 없이 순간적으로 날아올라 먹이를 사냥하거나 천적의 공격에 매우 빠르게 대응할 수 있도록 진화한 것입니다.

　잠자리의 교미는 독특한 방법으로 이루어지는데, 일반 곤충들과는 매우 다르게 암컷 잠자리가 수컷 잠자리들의 영역 안으로 들어가서 짝짓기를 하며 짝짓기가 끝난 암컷은 즉시 산란을 합니다.

18 멋조롱박딱정벌레를 보호하기 위해서 무엇을 할 수 있을까요?

 멋조롱박딱정벌레라는 이름은 이 곤충의 앞가슴이 유난히 길고 몸통은 뚱뚱하여 마치 조롱박을 닮았다 해서 붙여진 이름입니다.
 멋조롱박딱정벌레는 수컷이 약 2.3~2.5cm이고 암컷은 약 2.5~2.8cm로 암컷이 수컷보다 조금 더 큽니다.
 멋조롱박딱정벌레의 몸 색깔은 땅 위에서 살아가는 곤충 중에서 최고로 반짝거리는 빛을 내는데, 검은색 바탕에 어두운 푸른색, 녹색, 자주색 등의 광택이 혼합되어 멋진 문양을 만들어냅니다. 딱지날개는 타원형으로 그물 모양의 구조로 되어 있습니다.

 멋조롱박딱정벌레는 한국 고유종으로, 산지 원시림의 약간은 서늘한 곳에서 다른 동물의 사체 등을 먹고 살아가는 육식 곤충입니다. 특히 지렁이, 달팽이, 나비 등의 애벌레들을 즐겨먹습니다.
 또한 이 곤충은 머리가 크고 유달리 큰 턱이 강하게 발달하여 다른 벌레를 잡아먹기에 유리하게 생겼습니다. 그리고 목이 유난히 굵은 편이며, 뒷날개가 퇴화해 다른 곤충들처럼 잘 날지 못합니다.

　멋조롱박딱정벌레의 암컷은 앞다리와 가운데 다리가 비슷하나 수컷은 앞다리가 더 넓은 편인데, 그 이유는 암컷과 짝짓기를 할 때 암컷을 꼭 잡기 위해서 발달한 것으로 생각됩니다.
　멋조롱박딱정벌레의 어미벌레는 배 끝을 구부려 부드러운 흙 속에 산란관을 깊숙이 찔러 넣고 한 곳에 한 개의 알을 여러 곳에 낳아 놓습니다.

　멋조롱박딱정벌레의 사냥 기술은 다른 곤충들에 비하여 별 볼 일 없는데, 그 이유는 행동이 매우 느리기 때문입니다. 움직임이 재빠르지 못한 이 곤충은 자기보다 작고 약해서 빠르게 도망가지 못하는 어린 애벌레들을 좋아하며, 나방 종류의 애벌레를 특히 좋아합니다.
　그런데 멋조롱박딱정벌레는 자기를 건드리면 몸속에 간직하고 있던 지독한 냄새를 풍기는 액체를 발사하는 능력을 가지고 있습니다. 이 냄새는 적으로부터 공격을 받았을 때 자기 몸을 보호하는 역할을 합니다.

　멋조롱박딱정벌레는 어미벌레로 겨울을 나는데 이듬해 늦은 봄 5월부터 여름철인 7월경이 되면 겨울 동안 지내던 땅속에서 땅 위로 나와서 살아가다가 날씨가 차츰 서늘해지면 다시 땅속으로 굴을 파고 들어갑니다.
　멋조롱박딱정벌레는 추운 겨울이 오기 전에 땅속에 자기 몸이 들어갈 정도의 굴을 만들어 놓고 그 속에서 겨울을 나며, 날씨가 따뜻해지면 다시 나와서 활동하는 곤충입니다.

　멋조롱박딱정벌레는 애벌레와 어미벌레 모두 밤에만 활동하는 야행성 곤충입니다.

멋조롱박딱정벌레는 땅속에서 겨울을 난다.

 이들은 우리나라에서만 볼 수 있는 유일한 곤충으로, 높은 산 정상 부근의 사람들의 발길이 많이 닿지 않는 원시림에서 드물게 살아갔으나 그 숫자가 점점 줄어들고 있습니다. 그래서 멸종 위기 2급 곤충으로 지정되어 보호하고 있습니다.

 그러나 이 멋조롱박딱정벌레가 왜 오늘날에 이르러 멸종 위기에 처해 있는지는 그 이유를 밝혀낼 수 없습니다. 그것은 사람들이 자주 볼 수가 없는 산 속에서 살고 있었기 때문에 자세하게 알려진 바가 거의 없기 때문 아닌가 합니다.
 그러므로 누구도 이 곤충들이 편안하게 살아가도록 함부로 산림을 훼손하지 말고 등산로가 아닌 곳으로는 다니지 말아 그들의 살 장소를 보호해 주어야 합니다.
 아주 보잘것없는 작은 곤충이라도 함부로 대하지 말아야 우리 후손들도 이 곤충을 볼 수 있습니다.

19 큰홍띠점박이푸른부전나비는 왜 점점 보기 힘들어질까요?

큰홍띠점박이푸른부전나비는 우리나라 중북부의 일부 지방에서만 살아가는 나비인데, 특히 충청북도 및 강원도의 극히 제한된 지역에서 살아가고 있습니다.

이 나비의 머리와 몸은 흑색이고, 청백색의 짧은 털로 덮여 있습니다.
큰홍띠점박이푸른부전나비의 활짝 편 날개의 길이는 약 3.2~3.8cm이고, 수컷의 날개 윗면은 흰색 바탕 위에 푸른색으로 덮여 있는데 앞날개의 바깥 가장자리에는 폭이 좁은 검은색 테가 선명하게 둘러져 있습니다.
암컷은 앞날개의 바깥 가장자리 검은 테의 폭이 수컷보다 훨씬 넓으며 중심에서 검은 테까지의 사이에 검은색의 줄들이 뚜렷하게 나타나 있어 수컷과 쉽게 구별할 수 있습니다. 특히 암컷의 뒷날개 바깥 가장자리를 따라서 주홍색의 띠무늬가 쳐져 있는 것이 특징입니다.

이 나비는 한 해에 한 번 나타나는데, 특히 5~6월경에 햇빛이 잘 비치는 양지바른 낮은 산의 풀밭이나 하천의 제방 둑 주변을 지그재그로 활발히 날아다니며 고삼이나 엉겅퀴 등의 식물의 꽃에서 꿀을 빨아먹고 살아갑니다.

큰홍띠점박이푸른부전나비의 암컷은 천천히 날다가 안전하다고 생각되는 먹이 식물의 꽃잎이나 꽃봉오리에 1개씩 알을 낳습니다. 알의 크기는 0.3mm 정도로, 처음에는 연한 파란색을 띠고 있으나 시간이 지나면서 점차 회색빛에 가까운 흰색으로 변합니다.

알에서 갓 깨어난 큰홍띠점박이푸른부전나비 애벌레의 몸길이는 1.7cm 정도이고 생김새는 짚신 모양으로 앞뒤의 끝이 둥근 편입니다. 몸 빛깔은 나뭇잎 색깔과 비슷한 연한 녹색이지만 머리에서 꼬리까지 이르는 등 가운데에는 약간 검은 녹색을 띤 선이 있습니다. 그러므로 이 나비의 애벌레가 고삼 잎에 앉아있으면 천적의 눈에도 잘 띄지 않아 비교적 안전하게 성장할 수 있습니다.

큰홍띠점박이푸른부전나비 애벌레는 엉겅퀴 잎이나 특히 콩과 식물인 고삼의 잎을 즐겨 먹고 살아갑니다.

큰홍띠점박이푸른부전나비 애벌레로 사는 기간은 비교적 짧은 반면에 번데기 기간이 약 10개월로 매우 길기 때문에 번데기 상태로 겨울을 납니다.

큰홍띠점박이푸른부전나비의 번데기는 검은 빛이 도는 갈색이고 길이는 애벌레보다 조금 작습니다.

큰홍띠점박이푸른부전나비가 살아가는 지역으로는 우리나라와 일본이 있는데, 우리나라에서는

그 숫자가 점점 줄어들어 2012년 5월 31일 멸종 위기 야생동식물 2급으로 지정되어 보호받고 있습니다.

이 나비가 이처럼 줄어드는 이유는 기후나 환경적인 요인이 가장 클 것으로 보입니다. 농작물을 가꾸기 위해서 사용하는 농약과 날이 갈수록 늘어나는 이산화탄소 배출량으로 인하여 기온이 계속해서 상승하고 공기가 오염된 데다가, 큰홍띠점박이푸른부전나비 애벌레가 즐겨먹는 고삼은 그리 흔한 편이 아닌데도 약용식물이라는 이유로 사람들이 무분별하게 채취하여 차츰 줄어드는 추세에 놓여 있어 큰홍띠점박이푸른부전나비가 줄어들고 있는 것이 아닌가 생각됩니다.

사람들은 보통 개미나 송충이, 벌 등은 징그러워하지만, 넓은 꽃밭을 날아다니는 나비들은 예뻐합니다. 주변에서 흔히 볼 수 있는 호랑나비나 제비나비, 흰나비 등은 여러 가지 예쁜 색으로 치장한 날개를 살랑거리며 날아다녀 사람들의 사랑을 받고 있습니다.

그러나 깜찍한 외모에 개체수도 비교적 많은 큰홍띠점박이푸른부전나비를 비롯한 다른 부전나비들이 사람들에게 잘 띄지 않는 것은 크기가 작은 데다 유달리 활동성이 적고 무조건 숨어버리는 습성 때문입니다.

또한 대다수 부전나비들은 애벌레 시절에 먹고 살아갈 식물들이 다양하지 못하고 환경 변화에 민감해 조금이라도 환경이 오염되면 금세 숫자가 줄어들기도 합니다.

푸른색이 선명하지 않아 칙칙해 보이지만 그래도 아름다운 이 나비를 점차 볼 수 없다니 안타까운 생각이 듭니다.

20 최근 왕은점표범나비를 보기 힘들어진 이유는 무엇일까요?

왕은점표범나비라는 이름은 나비박사인 석주명 선생이 붙인 것으로, 은점표범나비보다 조금 더 커서 붙여진 이름입니다.

왕은점표범나비는 나비목 네발나비과에 속하는 곤충이며, 앞날개의 길이가 약 3.2~4.4cm로 표범나비 종류 가운데 중간 크기입니다. 날개의 빛깔은 주로 주황색 바탕에 여러 개의 검정무늬가 불규칙하게 박혀 있는데 뒷날개의 바깥 변두리에는 검은 줄무늬가 굵게 나 있기 때문에 다른 종류의 나비와 쉽게 구별할 수 있습니다.

이 나비의 날개 아래쪽에는 은색 무늬가 있는데 앞날개 윗면에 검은색 줄무늬가 있는 것은 수컷입니다. 암컷은 수컷보다 날개 바탕색이 진하며, 날개 아랫면의 은색 무늬도 크고 선명한데 날개의 길이도 길고 날개폭도 약간 넓은 편입니다.

왕은점표범나비는 연 1회 발생하는데, 따뜻한 곳에서는 5월 하순경에 나타나지만 추운 지방에서는 7월 중순경부터 발생하며 보통은 6~7월에 가장 활발하게 활동합니다.

　수컷은 한 곳에 머무는 것보다 이동하는 것을 즐겨 활발하게 날아다니지만 암컷은 풀 사이에 정지하고 앉아 있는 일이 많습니다.

　이 나비들은 주로 풀밭에서 생활하는데 큰까치수염, 엉겅퀴, 솔채꽃 등에 자주 모여서 꿀을 빨아먹습니다.

　이 나비는 다른 표범나비류에 비해 인기척에 대단히 민감하게 반응하나 가을에는 행동이 다소 느려집니다.

　왕은점표범나비의 암컷은 양지바른 곳에서 자라는 제비꽃 등의 잎에 알을 낳는데, 알에서 깨어난 애벌레는 약간 검은색으로 등 가운데에 검붉은 선이 뚜렷하게 있습니다.

　왕은점표범나비의 어린 애벌레는 알에서 갓 깨어난 상태로 월동하는데, 알에서 처음 깨어난 유충은 아무것도 먹지 않고 땅속이나 낙엽 밑 또는 마른 풀 속으로 들어가서 겨울을 나게 됩니다.

왕은점표범나비 유충은 낙엽 밑에서 겨울을 난다.

그리고 다음해 봄이 되어 날씨가 따뜻해지면 숨어 있던 곳에서 땅 위로 올라와 제비꽃 종류의 어린잎을 먹으며 5월경에 번데기가 됩니다.

이 나비는 우리나라를 비롯해 일본, 중국, 티베트 등지에 살고 있으며, 우리나라에서는 2012년 5월 31일 멸종 위기 야생동식물 2급으로 지정되어 보호받고 있습니다.

이 나비들은 내륙 지역에서는 자주 볼 수가 없으나 서해안의 도서 또는 해안가 지역에서는 자주 볼 수 있었던 나비입니다. 그러나 근래에 와서 갑자기 볼 수 없게 된 것은 도시 개발이나 골프장 건설, 제초제 및 농약 사용 증가로 인하여 이들이 살 수 있는 풀밭이나 즐겨 먹는 식물들이 사라졌기 때문이 아닌가 생각할 수 있습니다. 그러므로 이들이 살 수 있는 환경을 사람들이 훼손하지만 않는다면 다시 볼 수 있을 것입니다.

다행스럽게도 몇 년 전에 우리나라 최대 구석기 유적지인 연천 전곡리에서 환경부 지정 멸종 위기종인 왕은점표범나비가 살아가고 있는 것이 확인됐습니다. 연천 전곡리 유적지에 조성된 자생식물원에서 왕은점표범나비가 큰꿩의비름, 벌개미취, 꽃범의꼬리 등 자생 꽃을 찾아다니며 꿀을 먹고, 애벌레의 먹이식물인 제비꽃 주위에 알을 낳으며 살고 있었습니다.

또한 이 나비 외에도 멸종 위기곤충인 붉은점모시나비, 쌍꼬리부전나비, 깊은산부전나비, 애기뿔쇠똥구리, 꼬마잠자리, 물장군 등과 양서류인 금개구리가 DMZ(비무장지대) 접경지에서 살고 있는 것도 확인됐습니다.

사람들의 발길이 닿지 않는 곳에서 멸종 위기 동물들이 살고 있다는 것을 보면 사람들이 얼마나 자연을 파괴하고 있는지 깨닫게 됩니다.

21 큰자색호랑꽃무지가 천적을 피하는 방법은 무엇일까요?

큰자색호랑꽃무지의 몸길이는 약 3.1cm 정도로 머리는 납작하게 생겼으며 머리방패는 약간 위로 젖혀졌고 양 옆에 세로로 솟아오른 줄이 나 있습니다. 이 줄은 수컷의 경우 더듬이 근처에서 뿔같이 튀어나와 있으며 점무늬가 촘촘히 박혀 있습니다.

몸 빛깔은 약간 검은 바탕에 약한 붉은빛이 감도는 갈색으로, 울퉁불퉁한 딱지날개에서는 강한 구릿빛 광택이 납니다.

수컷의 앞가슴등판은 암컷보다 넓고 가운데에 세로로 솟아오른 2개의 줄이 뚜렷하게 있으며 전체적으로 점무늬가 촘촘히 나 있습니다.

또 몸의 배면은 검은빛을 띤 자줏빛이고 노란색의 짧은 털이 드물게 나 있으며 각 다리의 종아리마디 바깥쪽에는 가시돌기가 3개씩 붙어 있습니다.

큰자색호랑꽃무지의 어미벌레는 기온이 떨어지는 9월이 오면 땅속에 알을 낳는데, 이 알은 땅속에서 무사히 겨울을 보내고 애벌레로 깬 후 다음해 6월경에 번데기가 되며 7월경에 어미벌레가 되어 나타납니다.

큰자색호랑꽃무지의 애벌레는 토양 속의 영양분을 먹고 살며, 특이하게도 누워서 기어 다니는 습성이 있습니다. 그리고 어미벌레는 일반 풍뎅이들과는 다르게 앞날개를 살짝 들어 올린 뒤 뒷날개만 완전히 펴서 날아갑니다.

큰자색호랑꽃무지는 갑자기 위협을 느끼거나 천적이 나타나면 매우 고약한 냄새를 풍기고 재빨리 도망가는데, 이 냄새는 수컷이 암컷을 유혹할 때 사용하기도 합니다.

큰자색호랑꽃무지 어미벌레는 늦은 봄부터 야생에 피어 있는 각종 꽃의 꿀이나 나무줄기에서 나오는 수액을 먹으며 살아가는데, 특히 한참 더운 계절인 7~8월경에는 큰 나무들이 많이 서 있는 울창한 지역의 참나무 종류의 수액이 흐르는 곳에서 자주 볼 수 있습니다.

이 곤충은 우리나라를 비롯한 일본에서 살아가는데 최근에 이르러 개체수가 갑자기 줄어들고 있는 실정입니다. 따라서 우리나라에서는 2012년 5월 31일 멸종 위기 야생동식물 2급으로 지정하여 보호하고 있습니다.

일반적으로 꽃무지는 풍뎅이과에 속하는 곤충의 한 분류로, 번데기 과정을 거쳐 완전탈바꿈을 하는 곤충입니다. 꽃무지라는 이름은 꽃에 모이는 풍뎅이 종류라는 뜻으로 지어진 것이라고 추측하는 곤충학자들도 있습니다. 큰자색호랑꽃무지는 꽃무지에 속하는 곤충이므로 일반 꽃무지들처럼 완전탈바꿈을 합니다.

• 쉬어가는 자리 •

민벌레의 짧은 사랑

사람들은 나를 민벌레라고 부른답니다.

나는 일생 동안 큰 나무껍질 속에서 살아가는데 항상 어두운 곳에서만 살아가기 때문에 눈은 퇴화하여 거의 흔적도 남지 않았지요.

내 몸의 크기는 겨우 2mm밖에 되지 않기 때문에 자세히 보지 않으면 눈에 잘 띄지 않지만 자손을 퍼트리기 위한 행동은 다른 동물들이 따라오지 못할 정도로 민첩하답니다. 사랑하는 짝을 만나기만 하면 정신을 모두 빼앗길 정도로 날쌔게 행동하거든요.

나에게는 긴 더듬이가 있답니다. 이 더듬이는 마치 동그란 보석들을 꿰어 놓은 것 같은 모양으로, 내 눈을 대신해 주고 있어요. 나는 이것으로 하고 싶다고 마음먹은 것을 실천하지요.

우리는 서로 만나면 이 예민한 더듬이로 상대가 수컷인지 암컷인지 대번에 알 수 있어요.

"아이, 재수 없어. 왜 하필이면 수컷이 오고 있는 거야? 야, 너 빨리 비키지 못해?"

"뭐야? 네가 남이 가는 길을 가로막고 있잖아! 어째서 내가 너같이 못생

민벌레는 일생 동안 나무껍질 속에서 산다.

긴 놈한테 간단 말이야? 오늘 더럽게 재수 없는 날이네."

 수컷은 어두운 곳에서 겨우 만난 상대가 같은 수컷일 경우엔 바로 돌아서지만, 암컷이라면 곧바로 구애를 시작하지요. 우리의 구애 행동은 아주 특이하고 정열적이랍니다.

"민순아, 내 모습 어떠니? 참 잘생겼지? 자, 똑똑히 보고 선택해."

 수컷 민벌레는 더듬이를 한껏 머리 위로 치켜세우고는 몸을 파르르 떨며, 입이 땅에 닿을 듯이 구부린 자세로 아주 천천히 암컷을 향해 다가가요. 이때 머리를 숙여 길게 늘어진 목 한가운데에서 불쑥 혹같이 생긴 것이 튀어나온답니다. 이 혹은 커졌다가 작아지기도 하는데 이와 같은 일을 반복하면서 신기할 정도로 조심스럽게 암컷에게 다가가지요.
　이 광경을 본 암컷은 수컷의 행동이 징그럽고 마음에 들지 않으면 매몰차게 돌아서 가 버려요.

　"흥! 제아무리 재주를 부려 봐라, 내가 꿈쩍이나 하나. 그까짓 재주는 수놈이면 누구나 다 하는 저속한 표현이란 말이야."

　그런데 암컷이 수컷이 하는 행동에 관심을 보이면 수컷은 "옳지, 쟤가 나를 좋아하는구나. 이 기회를 놓치지 말아야지." 하며 본격적으로 구애를 시작하는데, 이때 갑자기 목의 혹이 꺼지며 머리 한복판에 있는 작은 구멍에서 액체를 내보내요. 이 액체에 홀린 암컷이 그것을 빨아먹으며 몸을 옆으로 구부려 수컷에게 짝짓기를 하는 것을 허락하지요.

　"아, 맛있는 음료수야. 이처럼 향기 나고 맛있는 음료수를 주어야 내 남편이 되는 거지. 어서 짝짓기를 하고 우리의 어린 자식을 키웁시다."

　수컷은 자기 머리에서 나오는 진한 액체를 제공한 후에야 겨우 짝짓기 허락을 받고 몸을 활처럼 뒤틀어 암컷과 힘겨운 짝짓기를 하는 데 성공하지요.
　하지만 이처럼 어렵게 만난 민벌레의 짝짓기 시간은 뜻밖에도 무척이나 빨리 끝나버리고 만답니다.

민벌레는 서로 만나면 예민한 더듬이로 수컷인지 암컷인지 대번에 알 수 있어요.

안녕~

힝

뭐야? 네가 남이 가는 길을 가로막고 있잖아잉 오늘 더럽게 재수 없는 날이네.

아이, 재수 없어. 왜 하필이면 수컷이 오고 있는 거야? 야, 너 빨리 비키지 못해?

수컷은 어두운 곳에서 겨우 만난 상대가 같은 수컷일 경우엔 바로 돌아서지만, 암컷이라면 곧바로 구애를 시작하지요.

3장
지구상에서 살아가는 특이한 곤충들

1 사람을 가장 많이 죽이는 곤충은 무엇일까요?

사람을 가장 많이 죽이는 동물은 어떤 동물일까요? 이렇게 물으면 많은 사람들은 흔히들 사나운 맹수나 덩치가 큰 육식동물들을 먼저 떠올릴 겁니다.

통계에 따르면 매년 사람을 가장 많이 죽이는 동물은 몸집이 아주 작은 곤충인 모기로 밝혀졌습니다. 사나운 맹수인 사자나 호랑이에게 죽임을 당하는 사람들의 숫자가 1년에 약 100명인 데 반해, 모기는 1년에 무려 725,000여 명의 목숨을 빼앗고 있다고 하니 얼마나 무서운 곤충인지 알 수 있습니다.

모기가 옮기는 가장 위험한 질병으로는 말라리아를 꼽을 수 있습니다. 말라리아는 매년 전 세계적으로 4억 명의 환자가 발생하는데, 이 중 약 200만 명이 넘는 사람들이 모기에 의해서 감염되며 그중에서 약 60만 명이 목숨을 잃고 있습니다.

모기에 의해 전염되는 말라리아는 동남아시아, 아프리카, 오스트레일리아,

남태평양에서 많이 발병합니다. 우리나라에는 토착 말라리아는 없지만 외국에서 온 사람들에게서 감염될 위험이 있습니다.

모기는 그 밖에도 황열병*이나 뎅기열 같은 심각한 질병을 일으키는 병원균을 퍼트려 많은 사람들을 괴롭히고 있습니다. 모기에 의해서 감염되는 뎅기열은 열심히 치료를 받아야 하는데 관리가 소홀하면 아까운 목숨을 잃게 됩니다. 이 병은 모기에 물림으로써만 전염되는데 뎅기모기는 검은색 몸통에 흰 반점이 있으며 일반 모기보다 작습니다.

그리고 우리나라에서는 일본뇌염을 옮기는 빨간집모기가 여름부터 가을까지 가장 문제되고 있습니다.

모기는 낮에는 풀숲에서 잠을 자고 밤에 활동하는 야행성 동물로, 주로 하수구나 연못 같은 고인 물에 알을 낳으며, 애벌레인 장구벌레는 물속에

* 황열병은 아프리카와 남아메리카 지역에서 유행하는 아르보 바이러스에 의한 급성 바이러스 질환입니다.

뎅기모기

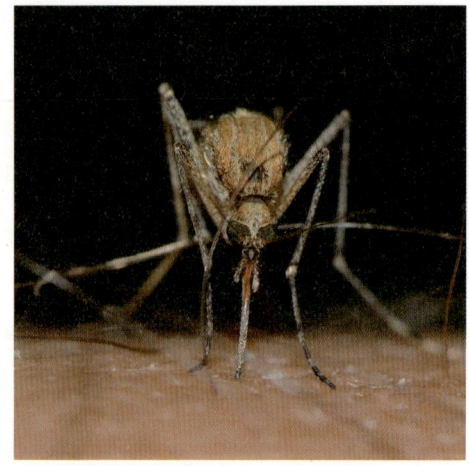
빨간집모기

장구벌레

서 성장하여 번데기 과정을 거쳐 성충이 됩니다.

 수컷 모기는 평생 영양분으로 꽃의 꿀이나 나무의 수액을 빨아먹습니다. 반대로 암컷 모기는 다른 동물의 피를 빠는데, 이는 알을 키우기 위해서이며 피를 빨아먹는 과정에서 말라리아, 뇌염 등의 전염병을 사람은 물론이고 다른 동물들에게 전파시키기도 합니다. 하지만 암컷 모기도 산란기가 아닌 평상시에는 꽃의 꿀을 빨아먹습니다.

2 가장 아름다운 곤충은 무엇일까요?

세상에서 가장 아름다운 곤충 중 하나로 손꼽히는 마다가스카르 혜성꼬리나방은 나방 중에서 가장 큰 것으로 알려져 있습니다.

마다가스카르 혜성꼬리나방은 혜성나방 또는 달나방이라고 부르기도 합니다. 이 나방은 아프리카 마다가스카르 섬의 열대우림 지역에서 살아가는 토종 곤충으로 그 모습이 매우 아름답습니다. 혜성의 꼬리처럼 예쁘고 기다란 꼬리가 붙어 있어 혜성꼬리나방이라는 이름이 붙은 것입니다.

이 나방의 수컷은 날개 길이가 약 15cm나 되고 꼬리 길이는 무려 20cm나 됩니다. 날개 색깔은 노란색 바탕에 갈색의 반점이 찍혀 있고 검은색의 테두리가 선명하게 보이는데 긴 꼬리는 빨간색이고 꼬리 끝은 노란색입니다.

교미를 마친 암컷은 약 120~170개의 알을 낳는데, 알에서 부화한 어린 애벌레는 3개월 동안 나뭇잎을 먹고 자랍니다. 그리고 다 자라게 되면 번데기가 되었다가 어미 나방으로 변하게 됩니다. 어미 나방은 약 4~5일 동안

마다가스카르에는 희귀동식물이 많이 살고 있다.

아무것도 먹지 않고 산란만 하다가 나방으로서의 일생을 마칩니다.

그런데 근래에 들어와서 이 아름다운 나방의 숫자가 점점 줄어들고 있습니다. 식량 확보를 위한 농지 개발 등으로 우림의 서식지가 훼손되면서 멸종 위기에 처한 것입니다.

다행히 학자들의 오랜 연구에 의해서 인공사육에 성공하여 현재 세계 여러 나라에서 사육되고 있습니다.

3 독침을 가진 위험한 곤충은 무엇일까요?

불독개미는 흰개미과에 속하는 개미로, 그 종류는 90여 종이고 주로 호주에서만 살고 있습니다.

불독개미는 일개미로, 큰 것은 4cm 넘게 자라기도 하는데 이 개미의 독침에 찔리면 굉장히 아픕니다. 이 개미가 가지고 있는 독은 알레르기가 있는 사람에게는 과민성 반응으로 쇼크를 일으킬 수 있을 정도로 강력하므로, 독침에 찔렸을 경우 대수롭지 않게 여기지 말고 즉시 병원을 찾아 치료받아야 합니다.

이 불독개미는 눈이 크며, 길고 큰 턱은 강력한 힘을 가지고 있습니다. 독침은 자기 몸을 방어하는 데 사용하기도 하고 먹이를 잡을 때 사용하기도 합니다. 이 개미는 날아다니는 벌을 공격할 정도로 매우 공격적입니다.

불독개미는 다른 개미들에 비하여 시력이 매우 우수하여 1~2m 밖의 물체도 볼 수 있습니다. 페로몬 냄새를 풍기지 못하고 눈으로 직접 물체를 확인하기 때문에 시력이 발달한 것으로 보입니다.

  이들의 또 다른 특징은 여왕개미가 죽으면 일개미가 짝짓기를 하고 알을 낳아 종족을 이어나가는 것입니다.
  이 개미 무리의 한 집단은 약 100여 마리로 구성되어 있는데, 이들은 협동하지 않고 혼자서 일을 합니다.

불독개미는 약 1억 4,000만 년 전 말벌의 생김새와 비슷한 조상으로부터 진화한 것으로 보이며, 가장 오래된 개미 종류 중 하나로 알려져 있습니다.

불독개미 어미벌레는 작은 곤충이나 진딧물에서 분비되는 단물이나 나무의 열매, 나무의 수액, 꿀을 먹고 사는 데 비하여 애벌레는 육식성으로 다른 곤충들을 먹고 삽니다.

4 가장 시끄러운 소리를 내는 곤충은 무엇일까요?

　매미는 소리를 내는 대표적인 곤충으로, 그 크기는 달라도 모두 비슷한 소리를 냅니다. 하지만 아프리카 초원 등지에서 살고 있는 브레비산나 브래비스 매미는 약 400m 정도 떨어진 곳에서도 시끄럽게 들릴 정도로 울어댑니다.

　이 매미가 50cm 떨어진 곳에서 내는 소리는 120데시벨로, 기차 지나가는 소리보다 큰 셈입니다. 참고로 사람들이 마주 서서 이야기하는 소리가 30~60데시벨이며, 천둥소리나 자동차 경적소리는 120데시벨입니다.

　그러므로 이 매미가 내는 울음소리는 세상에서 제일 시끄러운 축에 속하는 것입니다. 작은 몸에서 이처럼 크고 시끄러운 소리를 낼 수 있다니 놀랍기 그지없습니다.

　매미 울음소리는 보통 수컷이 암컷을 유인하기 위해서 내는 것으로, 암컷 매미는 울지 않습니다.

미국에 서식하는 17년매미는 땅속에서 17년을 산다.

매미는 주로 아열대나 열대지방에 살아가는데 전 세계에 1,500종이 있고, 우리나라에는 13종이 살고 있습니다.

매미가 어미벌레로 지내는 기간은 겨우 1개월 정도인 데 반해, 애벌레 상태로 땅속에서 사는 기간은 2~5년이나 됩니다. 미국에 사는 매미 중 일부는 무려 13~17년 동안 땅속에서 산다고 합니다.

세계에서 가장 큰 매미는 제왕매미로 길이가 15cm나 된다고 합니다.

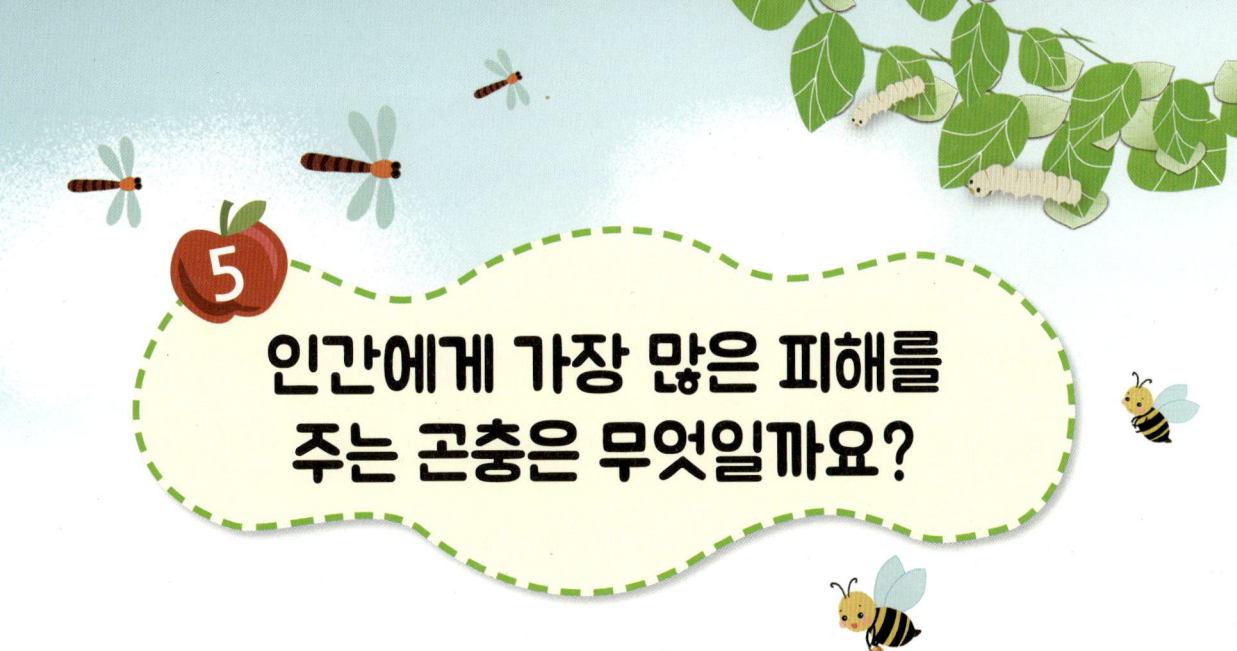

5 인간에게 가장 많은 피해를 주는 곤충은 무엇일까요?

오늘날 세계 곳곳에서 메뚜기 떼의 습격이 일어나고 있습니다. 최근 몇 년 동안 중국과 이집트, 멕시코, 페루를 비롯한 여러 나라에 수십억 마리의 메뚜기 떼가 몰려들어 농부들이 힘들게 가꾸어 놓은 농작물을 싹 쓸어버리고 있습니다.

최근 중국에서는 메뚜기 떼의 공습으로 헤아릴 수 없을 정도로 많은 농경지가 초토화되는 크나큰 피해를 입었습니다. 검은 소나기구름처럼 새카맣게 날아온 메뚜기 떼가 농작물을 닥치는 대로 먹어치웠기 때문입니다.

중국 정부는 메뚜기를 잡아먹는 닭이나 오리 수만 마리를 들판으로 내몰아 메뚜기 소탕에 나섰지만 수적 열세로 실패하고 말았습니다. 이렇게 국가적인 차원에서 대책을 마련하고 있으나 별로 좋은 결과는 얻지 못하고 있습니다.

그 이유는 환경적인 요인에서 찾아볼 수 있습니다. 메뚜기 떼가 대량으로

143

발생하는 원인은 기온이 높고 비가 적어 건조한 날씨로 인해 메뚜기 애벌레가 살기 좋은 환경이 조성되기 때문입니다. 계속되는 가뭄은 메뚜기의 발생을 촉진시켜 처리하기 어려울 정도의 메뚜기 떼가 출몰하게 되는 것입니다.

메뚜기 알은 특이하게도 휴면능력이 있어서 부화조건이 맞지 않으면 알 상태로 존재하고 있다가 적당한 기온과 습도가 되면 한꺼번에 부화하기 때문에 가히 짐작도 하지 못할 정도로 그 개체수가 폭발적으로 증가하여 주변의 농작물들을 초토화시켜버립니다.

아프리카 메뚜기는 기후조건이 맞으면 개체수가 급증하여 계절풍을 타고 중동지방은 물론 멀리 인도까지 이동하므로 말할 수 없을 정도로 많은 피해를 줍니다.

이집트, 알제리, 사우디아라비아, 이스라엘 등 중동국가들은 최근에 아프리카에서 메뚜기 떼가 날아와 논밭에 심어져 있는 농작물의 잎과 줄기, 꽃들을 무차별로 먹어치우는 바람에 수확을 단 하나도 할 수 없게 되어 천문학적인 피해를 입었습니다.

그렇지 않아도 식량난에 허덕이는 아프리카 여러 나라와 주변에 있는 많은 나라들이 더욱 어려움에 처하게 되었습니다.

이집트에서는 메뚜기 떼의 습격에 일방적으로 당할 수 없어 궁여지책으로 이슬람 최고 기구인 알 아즈하르가 메뚜기를 잡아먹는 것이 종교적으로 인정된다는 이슬람법적 해석을 발표하여 메뚜기를 식용으로 유도하기도 했으며, 세네갈의 경우는 메뚜기를 잡아오면 그 무게만큼 쌀을 주겠다는 광고를 내기도 했습니다.

6 가장 큰 알을 낳는 곤충은 무엇일까요?

곤충 가운데 가장 큰 알을 낳는 것으로 기네스북에 올라 있는 곤충은 바로 말레이시아 정글님프입니다.

이 곤충이 낳은 알의 크기는 약 1cm 정도라고 하니 우리가 지금까지 보아왔던 일반적인 곤충의 알보다 엄청 크다는 것을 알 수 있습니다.

말레이시아 정글님프는 초대형 대벌레의 일종으로 우리나라에서는 딜라타타왕대벌레라고 부르는데, 우리가 보통 알고 있는 대벌레와는 다르게 무척이나 풍만한 몸매를 가졌습니다.

약 18cm 정도의 크기인 이 대벌레의 다리에는 1cm 정도 길이의 가시가 있는데, 이 가시로 작은 곤충 등을 찔러 공격합니다.

암컷의 몸에 난 가시가 상당히 위협적으로 그에 걸맞게 성격도 공격적입니다. 수컷은 암컷에 비해 크기는 작지만 더욱 공격적이라고 합니다.

이들은 주로 검은 딸기, 나뭇잎 종류를 먹고 살아갑니다.

기네스에 기록된 세계에서 가장 큰 곤충은 1955년 말레이시아에서 채집된 대벌레 암컷으로, 다리 길이를 포함해 약 55cm나 되었습니다.

그리고 지구상에 살았던 곤충 중 가장 큰 것은 잠자리 종류입니다. 화석으로 알 수 있는 잠자리 조상의 크기는 양쪽 날개를 합쳐 약 75cm로 매와 비슷한 크기이니 얼마나 컸는지 짐작할 수 있습니다. 모습은 현재와 다르지 않았다고 합니다.

7 나뭇잎처럼 생긴 곤충은 무엇일까요?

나뭇잎벌레는 이름 그대로 나뭇가지에 매달려 있는 푸른 나뭇잎처럼 생겼습니다. 길이는 1cm 정도로, 나뭇잎 같은 모양의 머리는 납작하고 홑눈, 겹눈이 있으며 더듬이가 붙어 있습니다.

나뭇잎벌레는 숲이 우거지고 고목이 많이 살아 있는 말레이시아나 인도네시아, 싱가포르 등 열대지방에 주로 살고 있습니다.

나뭇잎벌레는 나뭇잎과 같은 모양을 하고 나뭇잎에 붙어서 천적으로부터 몸을 숨기고 살아갑니다.

나뭇잎벌레는 주로 풀잎이나 나뭇잎을 먹고 살고, 크기는 보통 10~15cm 정도이며, 경우에 따라서는 사람 손바닥만 한 것도 있습니다.

완전한 나뭇잎 모양의 몸에 날개와 다리가 붙어 있으며 몸의 가장자리는 나뭇잎이 벌레에게 뜯어 먹힌 것과 흡사한 모양을 하고 있습니다. 암컷은 완벽한 위장을 하고 있는 대신 날지 못하며, 수컷은 나뭇잎과는 살짝 다른 모습인 대신 날 수 있어 천적이 다가오면 즉시 날아 도망칠 수 있습니다.

철써기

이렇게 곤충들은 자신을 보호하기 위해 위장을 하고 살아갑니다.

여치 무리에서도 날개 모양이 나뭇잎을 닮은 것들이 있습니다. 대표적인 것으로 철써기 같은 경우는 날개 모양이 나뭇잎을 닮은 데다 나뭇잎 위에 있을 때는 초록색, 낙엽 위에 있을 때는 그 비슷한 색으로 몸 색깔을 바꿀 수 있습니다.

그리고 꽃사마귀는 꽃잎의 색으로 위장하고 꽃 위에 앉아 있다가 다른 곤충들이 꿀을 먹기 위해 다가오면 재빨리 잡아먹습니다.

경우에 따라서는 나방이나 나비 같은 무리에서도 나뭇잎 모양을 하고 있는 종들도 있습니다. 우리나라에도 그런 모양을 하고 있는 나비가 많은데, 대표적으로 네발나비가 있습니다.

또한 활엽수가 많은 숲이나 대나무 숲에서 살고 있는 대벌레는 나뭇가지와 비슷한 생김새를 가지고 있습니다. 색도 나뭇가지와 비슷한 황갈색 또는 녹색으로, 나무에 붙어서 움직이지 않으면 눈에 잘 띄지 않아 천적으로부터 자신을 보호할 수 있습니다.

대벌레는 포식자에게 다리를 물리면 그 다리를 떼어버리고 도망가기도 합니다. 대벌레의 다리는 재생력이 강해서 잘려나가도 곧 다시 생겨나므로 살아가는 데 문제가 되지는 않습니다.

8 다섯 개의 뿔을 가진 곤충은 무엇일까요?

오각뿔장수풍뎅이의 수컷은 4.5~8cm 정도이고 암컷의 크기는 4.0~5.5cm 정도인데 머리에 달린 뿔이 무려 5개나 되는 특이한 생김새를 하고 있습니다. 특히 이 곤충을 정면에서 보면 머리에 난 뿔 모양이 마치 '자유의 여신상'처럼 보여 그렇게 부르는 사람들도 있다고 합니다.

뿔은 수컷에만 있는데, 5개 중 4개는 앞가슴 등판에 나 있고 1개는 머리에 있습니다. 암컷에는 뿔이 없는 대신 앞가슴 등판이 광택으로 번쩍거리며 앞날개는 연한 노란색을 가지고 있습니다.

오각뿔장수풍뎅이는 동남아시아의 대표적인 장수풍뎅이로 태국, 라오스, 미얀마, 중국 등지에서 주로 살고 있습니다.

어미벌레는 울창한 대나무 숲이 우거진 곳에 살며, 주로 대나무 수액이나 대나무 어린잎, 열대과일 등을 먹고 살아갑니다.

짝짓기를 끝낸 암컷은 대나무 속이나 대나무 잎이 떨어져 쌓여서 썩고 있

대나무 숲

는 속에 알을 낳는데, 알에서 깨어난 어린 애벌레는 썩은 대나무 잎을 먹으며 성장합니다. 애벌레로 지내는 기간은 긴 편으로, 약 1~2년 동안 기다렸다가 어미벌레가 됩니다.

오각뿔장수풍뎅이는 독특한 식습관을 가지고 있습니다. 참나무나 활엽수의 수액을 먹는 다른 장수풍뎅이들과는 달리 대나무 숲에 살며 새로 돋아나는 죽순에 상처를 내고 그 즙을 빨아먹습니다. 대나무 입장에서는 해충이나 다름없지요.

그런데 이 오각뿔장수풍뎅이는 태국의 인기 있는 관광 상품으로 손꼽히고 있습니다. 곤충이 한 나라를 대표하는 관광 상품인 것은 오각뿔장수풍뎅이가 유일합니다. 하지만 대나무를 많이 훼손하기 때문에 정작 자국에서는 환영받지 못하는 존재라고 하네요.

9 가장 빠른 곤충은 무엇일까요?

참뜰길앞잡이의 평균 몸길이는 1.2cm 정도이며, 순간 시속이 772km나 되어 세계에서 가장 빠른 곤충으로 알려져 있습니다.

빨리 날 수 있다는 것은 약하고 작은 곤충으로서는 경쟁자보다 먼저 먹이를 낚아챌 수 있을 뿐 아니라 강한 상대로부터 안전하게 도망칠 수 있다는 뜻으로, 생존을 위한 강력한 수단이 됩니다.

이런 면에서 볼 때 참뜰길앞잡이는 다른 곤충들에 비하여 축복받은 곤충임에 틀림없습니다.

그런데 참뜰길앞잡이의 빠른 속도는 장점인 동시에 단점이기도 합니다. 속도가 너무 빨라 시야를 확보하기도 전에 이동해버리므로 엉뚱한 곳으로 날아가 먹잇감을 놓치거나 적의 앞으로 날아가 먹히기도 하는 웃지 못할 일도 있습니다.

참뜰길앞잡이는 아래턱을 크게 벌리며 먹잇감을 향해 날아가는데, 이렇게 턱을 벌렸다 닫았다 하는 행위는 취약한 망막 시야를 대신해 먹잇감의 크기와 위치, 거리 등을 측정하는 것입니다.

　이렇게 별 볼 일 없다고 생각한 작은 곤충들조차 살기 위해 열심히 노력하고 있다는 사실이 놀랍습니다. 하지만 제아무리 빨리 날아도 먹이 사냥이 불가능하다면 무용지물일 테니 무엇보다 목표물에 정확하게 내려앉는 것이 가장 중요하겠죠?

참뜰길앞잡이는 속도가 너무 빨라서 앞을 제대로 보지 못하고 엉뚱한 곳으로 날아가기도 한대.

10. 가장 혐오스런 곤충은 무엇일까요?

많은 사람들의 혐오대상인 바퀴벌레는 지구상에서 살아가는 모든 생명체 중에서 가장 성공적으로 진화한 곤충이며, 약 3억 5천만 년 동안 지구상에 존재해 왔습니다. 그동안 지구는 엄청난 변화를 겪어 왔지만 그럴 때도 바퀴벌레는 그 끈질긴 생명력으로 멸종되지 않았습니다. 그들은 무엇이든지 먹을 수 있는 잡식성인 데다 최악의 조건에서는 동족까지 먹어 굶어 죽는 것을 막을 수 있었습니다.

현재 지구상에서 살고 있는 바퀴벌레는 약 4천 종으로 알려져 있는데, 극지방을 제외한 거의 모든 지역에서 살아가고 있습니다.

바퀴벌레는 먹이가 없어도 몇 달을 살 수 있고, 물을 전혀 먹지 않아도 한 달을 살 수 있으며 방사선을 받아도 견뎌낼 수 있을 정도로 끈질긴 생명력을 가졌습니다. 그뿐 아니라 48시간 동안 냉동상태에 있어도 죽지 않는다고 하는데, 실제로 얼음 속에 있던 바퀴벌레가 얼음이 녹으니 살아나 움직인 경우도 있습니다.

아유, 얼어 죽는 줄 알았네~

방사선이 뭐야? 먹는 거야?

바퀴벌레의 생명력은 정말 대단해서 얼음 속에서도 죽지 않고 살아남는 경우도 있어. 번식력도 엄청나서 한 마리가 1년 사이에 1천만 마리로 늘어난대.

1년 뒤

와글와글

바글바글

157

바퀴벌레는 극지방을 제외한 전 지역에 서식한다.

대부분의 바퀴벌레들은 미세한 공기의 흐름도 감지할 수 있는 탁월한 능력이 있는데, 특히 무릎 관절에 위치한 진동 센서는 대단히 민첩한 반응 속도를 가지고 있어 적으로부터 안전하게 자기 목숨을 지킬 수 있습니다.

또한 높은 번식률 역시 바퀴벌레의 생존을 도와주는데, 특히 플로리다 주에 많이 서식하고 있는 바퀴벌레는 한 마리가 1년 사이에 1천만 마리로 번식할 만큼 번식력이 높은 곤충입니다.

바퀴벌레의 암컷은 분비물을 내보내어 수컷을 유인하여 교미를 합니다. 교미가 끝난 암컷은 1~20개의 알주머니를 생산할 수 있는데 그 속에 알을 낳은 후에 이것을 꽁무니에 붙이고 다니다가 부화 직전에 안전한 장소를 찾아 내려놓습니다.

알은 15~90일 사이에 부화하며, 불완전변태를 하기 때문에 갓 깨어난 어린 애벌레는 어미와 거의 같은 모습을 하고 있으며 생활양식도 거의 같습니다.

바퀴벌레는 먹이를 찾으면 최대한으로 먹은 후 집으로 돌아가서 먹이를 토해내고 그것을 다른 바퀴벌레들이 나눠 먹습니다. 바퀴제거제는 이런 바퀴벌레의 습성을 이용한 것으로, 살충약이 포함된 먹이를 먹은 바퀴벌레가 이것을 다른 바퀴벌레들에게 나눠주어 많은 수의 바퀴벌레를 죽일 수 있는 것입니다.

하지만 환경에 빠르게 적응하는 바퀴벌레는 살충제에도 금방 내성을 가져 잘 죽지 않고 계속해서 번식해 나갈 수 있습니다.

인간의 집에 서식하는 바퀴벌레는 25종에 불과하지만, 이들은 간염, 소아마비, 장티푸스, 페스트 등을 일으키는 박테리아나 바이러스 및 살모넬라균 등을 전파해 인류에게 많은 질병을 옮기는 아주 귀찮은 존재들입니다.

이처럼 바퀴벌레는 인간에 해로운 여러 질병을 옮기고 다니는 위생해충으로, 매우 기피되고 있는 곤충입니다. 그러나 마다가스카르휘파람바퀴벌레는 애완용으로 길러지기도 하며, 태국과 중국 등의 일부 지역에서는 일부 바퀴벌레를 식용으로 사용하기도 합니다.

마다가스카르휘파람바퀴벌레

11 인류에게 가장 오래 도움을 준 곤충은 무엇일까요?

누에는 인류에게 있어서 오랜 세월 동안 복을 안겨다 준 좋은 곤충으로, 사랑받는 곤충 중 하나입니다.

알에서 갓 깨어 나왔을 때의 누에 애벌레의 크기는 겨우 3mm 정도로 매우 작으며, 온몸에는 털이 많고 검은 빛깔 때문에 털누에 또는 개미누에라고도 부릅니다.

개미누에는 뽕잎을 먹으며 성장하는데, 4번 잠을 자고 5령이 되면 급속도로 몸이 커집니다. 크기는 8cm 정도로 몸무게는 알에서 갓 깨어난 개미누에 때보다 약 8,000~10,000배나 많이 나갑니다.

5령 말까지의 애벌레 기간은 품종이나 환경에 따라 일정하지 않으나 보통 20일 내외가 걸립니다. 개미누에는 5령 말이 되면 먹기를 멈추고 고치 짓기를 시작하는데, 약 60시간에 걸쳐 2.5g 정도의 고치를 만들게 됩니다. 이 누에고치 한 개에서 풀려나오는 실의 길이는 무려 1,200~1,500m나 됩니다.

누에는 고치를 짓고 나서 약 70시간이 지나면 고치 속에서 번데기가 되

다 내 덕이지, 뭐~

누에는 여러 가지로 우리에게 많은 도움을 주고 있어.

161

고, 그 후 12~16일이 지나면 나방이 됩니다. 고치 속의 나방은 알칼리성 용액을 토해내어 고치의 한쪽을 적셔 부드럽게 만든 다음에 고치를 뚫고 밖으로 나오게 됩니다. 누에나방은 입이 퇴화되어 전혀 먹지 않습니다.

고치에서 나온 암수 누에나방은 교미를 하고, 암컷 나방은 약 500~600개의 알을 낳고 죽습니다.

우리나라에서 누에를 치기 시작한 것이 언제인지는 정확하게 알 수 없지만, 주나라의 기자가 고조선으로 들어와 기자조선을 세울 당시(서기전 1100년경) 누에를 들여왔다고 전해지고 있으니 까마득하게 먼 옛날이라고 볼 수 있습니다.

사람들이 누에를 치는 목적은 비단의 원료인 고치실을 얻는 데 있으나 그 과정에서 얻어지는 부산물도 대단히 많습니다.

누에를 기르면서 나오는 누에똥은 가축의 사료나 식물의 발근촉진제, 활성탄 및 연필심 제조 등에 쓰이며, 번데기는 사람들이 먹기도 하고 가축과 양어의 사료나 고급 비누원료 및 식용유의 원료로 쓰이기도 합니다.

누에고치

12 농사를 지으며 살아가는 곤충은 무엇일까요?

미국 전 지역에서 살고 있는 버섯개미나 가위개미는 자기 집에서 버섯을 길러 먹는 곤충입니다. 이 개미들은 나뭇잎을 둥글게 잘라 집으로 운반한 뒤 잘게 씹어서 뱉어내고 그 위에 곰팡이를 키워서 버섯을 자라게 한 다음 식량으로 사용합니다.

일개미들이 나뭇잎을 굴속으로 운반해 오면 조금 더 어린 일개미들이 톱날 같은 이빨로 잎을 잘근잘근 씹어 펄프처럼 만든 다음, 효소가 듬뿍 들어 있는 배설물과 잘 섞습니다. 그리고 잘 반죽된 나뭇잎을 다음 방으로 옮겨 미리 깔아둔 마른 잎들 위에 가지런히 펼칩니다. 그러면 조금 더 작은 일개미들이 이미 버섯을 키우던 다른 방에서 버섯을 조금씩 떼어다 이파리 반죽 위에 심어 놓습니다. 반죽된 나뭇잎 반죽에 옮겨진 버섯 종균들은 매우 빠른 속도로 성장합니다.

버섯을 이처럼 잘 길러 내는 농사꾼은 개미사회에서 가장 작은 어린 일개미들인데 이들은 농장의 주변을 늘 깨끗하게 청소하는 일은 물론, 김매

는 일, 수확하는 일 등 실제 농사일을 도맡아 하고 있습니다.

몸 크기에 따라 적재적소에 배치되어 자기가 맡은 임무에만 몰두하는 개미 사회야말로 인간사회 어느 곳에도 볼 수 없는 분업의 극치라 할 수 있습니다.

또 작은 검은개미들은 매화나무나 무궁화나무에 진딧물을 기르고, 큰 검은개미는 길가나 넓은 공터에 모래를 모아 놓고 그 안에서 진딧물을 길러 잡아먹습니다. 개미들은 양치기처럼 진딧물들을 이 잎, 저 잎으로 몰고 다니며 사육하기도 합니다.

진딧물의 배 옆을 살짝 건드리면 꼬리 쪽에서 즙이 나오는데, 개미는 그것을 먹고 삽니다. 대신 개미는 무당벌레나 물잠자리 같은 곤충들로부터 진드기를 보호해주는데, 이런 경우를 공생관계라고 합니다.

일반적으로 개미들은 진딧물뿐만 아니라 뿔매미나 깍지벌레들을 나무줄기나 잎에서 기르며 필요한 것을 얻습니다.

레몬개미는 자기들의 집 옆에 또 다른 작은 집을 지어 놓고 깍지벌레를 직접 길러서 먹을거리를 얻는다고 합니다. 그리고 수확개미는 많은 씨앗을 저장했다가 씨앗이 발아하면 집 밖에 버립니다. 그 씨앗이 땅에 뿌리를 내려 새싹이 자라고 열매를 맺게 하는 것입니다.

이처럼 농사는 사람들만 짓는 것이 아니고 개미들도 짓는 것입니다.

개미와 진딧물은 공생관계이다.

13 곤충도 아픔을 느낄까요?

인간이 아픔을 느끼는 것은 아주 발달된 신경세포가 몸의 전반에 빽빽하게 분포하고 있기 때문이고, 아픔을 인식하는 발달된 뇌를 갖고 있기 때문입니다.

그런데 곤충들은 뇌가 있긴 하지만 인간처럼 발달하지 못해 모든 것을 종합하여 판단하는 능력은 없습니다.

인간은 척수(뇌와 함께 중추신경계를 구성하는 신경세포 집합체)에서 반사신경 등을 처리하는 능력이 있는 반면, 곤충은 머리에 있는 뇌와 함께 독립적으로 발달된 신경절(신경세포체의 집합)이라는 척수 비슷한 것을 가지고 있습니다. 이 신경절은 곤충에 따라 다르지만 대개 10~12개 정도가 배 쪽에 있으며, 외부에서 자극을 받게 되면 머리에 있는 뇌에 전달하여 명령을 받는 것이 아니라 몸통에 있는 신경절이 순간적으로 종합하여 운동명령을 내립니다.

곤충은 무언가가 몸을 건드리면 재빨리 도망갑니다. 또 아주 뜨거운 물체가 앞에 있으면 피해서 돌아가기도 합니다. 이러한 행동은 위험이나 귀찮은 것을 피하려는 반사 작용에 더 가깝습니다. 생각해서 행동하는 것이 아니라 살아남기 위해서 본능적으로 하는 행동인 것입니다.

 곤충이 아픔을 느끼지 못하는 더 큰 이유는 감각기(외부의 자극을 중추신경에 전달하는 기관) 수가 고등동물에 비하여 매우 적기 때문입니다. 감각을 느낄 수 있는 세포들이 더듬이나 발톱마디 등에 비교적 많이 분포하고 있고 다른 부위에는 극히 적은 세포만이 있기 때문에 통증을 잘 느끼지 못하는 것입니다. 사람도 국소마취를 해 신경을 일시적으로 마비시키면 그 부위를 자극해도 아프지 않은 것과 마찬가지입니다.

개미나 기타 곤충이 허리가 잘려도 계속 움직이는 것은 이러한 신경절의 분화에 의해 신체를 통제하고 있기 때문입니다. 몸이 잘려 서서히 죽어가면서도 아픔을 느끼지 못해 계속해서 움직이는 것입니다.

가끔 개구쟁이 어린이들이 곤충을 잡아서 가지고 놀다가 다리나 날개를 떼고 즐거워하는 모습을 볼 수 있는데, 그와 같은 행동은 비록 곤충이 아픔을 잘 느끼지 못할지라도 결국 죽음에 이르게 되는 매우 나쁜 행동입니다.

곤충도 이 세상에 필요한 존재들이고 소중한 생명이니 함부로 괴롭히지 말아야 합니다.

> 곤충의 감각신경과 세포들은 더듬이나 다리에 주로 분포되어 있고 몸에는 그리 많지 않아 통증을 잘 느끼지 못해요. 그렇다고 괴롭히면 안 돼요!

14. 위협을 느끼면 화학물질을 내뿜는 곤충은 무엇일까요?

폭탄먼지벌레는 몸길이가 약 3.5cm로 비교적 작은 편에 속하지만, 매우 놀라운 방어 체계를 가지고 있어 자신보다도 훨씬 몸이 큰 거미나 사마귀, 혹은 두꺼비 등으로부터 자신을 쉽게 보호할 수 있습니다.

폭탄먼지벌레는 위험을 느끼게 되면 항문 주위의 분비샘에서 단백질 성분인 하이드로퀴논과 과산화수소가 혼합된 물질을 상대방의 얼굴에 내뿜고 도망갑니다.

이 독한 물질이 사람의 피부에 닿게 되면 살이 부어오르고 몹시 아프며, 온도가 약 100℃에 이르기 때문에 화상을 입게 되기도 하니 폭탄먼지벌레를 만만하게 보고 잡으려고 달려들었다가는 꼼짝없이 당하고 말 것입니다.

폭탄먼지벌레는 주로 호수나 개천 같은 습기가 많은 땅에서 살아가는데, 애벌레는 땅속에서 생활하다가 어미벌레가 될 즈음에 땅 위로 올라옵니다.

이 벌레는 낮에는 돌이나 낙엽 밑, 또는 흙 속에 숨었다가 밤이 되면 나와서 활동하는 야행성 곤충이며, 다른 벌레를 잡아먹고 특히 썩은 고기를

좋아하는 잡식성입니다.

 방귀벌레라고도 하는 폭탄먼지벌레는 딱정벌레에 속하는 곤충입니다.
 딱정벌레는 곤충 가운데 가장 종류가 많기로 유명한데, 한국, 일본, 중국 등지에 서식하며 우리나라에는 폭탄먼지벌레가 모두 7종류 살고 있는 것으로 학계에 보고되고 있습니다.

 각종 해충을 잡아먹어 유익한 곤충으로 알려진 폭탄먼지벌레가 가장 무서워하는 것은 거미입니다.
 거미줄에 걸린 폭탄먼지벌레는 발버둥 치며 빠져나오려 애를 쓰고 화학물질을 마구 내뿜습니다. 하지만 거미는 멀리 떨어진 곳에서 그 모습을 가만히 지켜보다가 화학물질이 다 떨어지고 나면 그때서야 다가와 폭탄먼지벌레를 거미줄로 꽁꽁 묶고 그 진액을 빨아먹습니다.

 강력한 화학물질로 두려울 것 없는 줄 알았던 폭탄먼지벌레도 거미 앞에선 속수무책인 것을 보면 천적이 얼마나 무서운 존재인지 알 수 있습니다.

폭탄먼지벌레도 거미줄에는 속수무책이다.

15 가장 짧은 삶을 사는 곤충은 무엇일까요?

하루살이 종류의 암컷은 교미를 할 수 있는 생식기가 발달함과 동시에 짝짓기를 끝내고 5분도 지나지 않아 죽는다고 합니다. 그러니까 그 짧은 5분 동안에 짝짓기를 하고 알까지 낳는 것입니다. 이쯤 되면 하루살이가 아니라 5분살이라 해야 맞는 말 아닐까요?

하루살이가 아무것도 먹지 않고 암수 모두가 짝짓기에 온 힘을 쏟을 수 있는 것은 애벌레에서 어미벌레가 될 때 비축한 지방을 사용하기 때문입니다.

그러나 하루살이가 그 이름처럼 정말 하루만 사는 것은 아닙니다. 알이 애벌레가 되는 기간은 한 달이 걸리고, 또 애벌레는 1~2년을 물속에 살다가 어미벌레가 됩니다. 어미벌레로 사는 기간이 짧아서 하루살이라고 하는 것인데, 확인된 바에 의하면 보통 2~3일 살며, 길게는 14일 넘게 사는 것도 있습니다.

하루살이의 입은 애벌레 시기에는 입의 구조를 가지고 있었으나 어미벌레가 되면서 입이 퇴화되어 없어졌기 때문에 아무것도 먹을 수 없습니다. 이들은 짝짓기가 끝나면 곧바로 죽기 때문에 입이 필요 없게 진화된 것입니다.

하루살이 암컷은 생식기가 발달함과 동시에 짝짓기를 끝내고 5분도 지나지 않아 죽어요.

우리 다음 생에 다시 만나요

하루살이가 정말 하루만 사는 것은 아니야. 어미벌레로 사는 기간이 짧아서 붙은 이름이지. 짧게는 이틀, 길게는 14일 정도 산대.

1달

1~2년

가장 오래 사는 곤충은 무엇일까요?

가장 오래 사는 곤충은 이론적으로 매미라고 합니다. 매미는 땅속에 알을 낳는데 알에서 부화한 매미의 유충은 땅속에서 나무뿌리의 수액을 빨아먹으며 길고 지루한 세월을 인내하다가 짧게는 2년, 길게는 17년이 지나서야 비로소 매미가 되어 세상 밖으로 나옵니다.

이들이 애벌레로 이처럼 긴 시간을 가지게 된 것은 살기 좋은 안전한 환경이 만들어질 때까지 기다리기 때문입니다.

그러나 애벌레로 지냈던 그 긴 세월에 비하면, 날개를 달고 세상 밖으로 나온 어미 매미의 삶은 정말로 짧기 그지없습니다. 매미는 세상에 나온 지 겨우 수 주일 이내에 짝짓기를 하여 알을 낳고는 금방 죽어버립니다. 1~2주를 살기 위하여 캄캄한 땅 속에서 최대 17년이라는 길고 긴 기다림을 참아낸 것입니다.

그리고 여왕개미도 오래 사는 것으로 알려져 있는데, 이는 개미사회가 한 마리의 여왕개미를 중심으로 이루어지므로 가능한 한 오래 살면서 알을 계속 낳을 필요가 있기 때문입니다.
 기록에 따르면 실험실에서 키운 여왕개미가 28.75년을 산 것이 최고 기록입니다. 이 기록은 애벌레로 산 시간을 제외한 성충으로 산 시간만 나타낸 것입니다.

매미는 땅속에 알을 낳는데, 유충은 계속 땅속에서만 살다가 17년이 지나서야 밖으로 나와. 하지만 밖으로 나오고 겨우 몇 주 만에 알을 낳고 금방 죽고 말아.

아~ 아름다운 세상~

17 가장 게으른 곤충은 무엇일까요?

지구상에서 살아가는 곤충 중 가장 게으른 곤충은 동남아시아에 살고 있는 '에오코리도데루스 인크레더빌리스'라는 이름도 생소한 녀석입니다. 캄보디아 앙코르와트 지역에서 새로 발견된 풍뎅이과 딱정벌레인 이 곤충은 아무 일도 하지 않고 흰개미집에 빌붙어 살면서 안락한 생활을 누리고 있습니다.

그것이 가능한 이유는 에오코리도데루스 인크레더빌리스가 흰개미의 어린 벌레들과 비슷한 생김새를 하고 있기 때문으로, 특히 등딱지에 달려 있는 손잡이같이 생긴 돌기가 아주 비슷합니다. 그래서 착각한 흰개미 어미벌레들이 그 돌기를 붙잡고 먹이가 있는 장소까지 데려다 주어 아주 편하게 먹이를 먹을 수 있는 것입니다. 게다가 흰개미 애벌레에서 나오는 화학물질까지도 흉내 내서 흰개미들은 감쪽같이 속을 수밖에 없다고 합니다.

개미와 진드기 같은 공생관계도 있는데, 에오코리도데루스 인크레더빌리스는 정말 아무 대가도 주지 않고 받기만 하니 세계에서 가장 게으른 곤충이라고 불릴 만합니다.

• 쉬어가는 자리 •

곤충들의 위험한 짝짓기

교미 도중이나 후에 수컷이 암컷에게 잡아먹히는 곤충으로는 사마귀가 유명하지요. 그런데 거미에게도 그런 일이 있다고 하네요.

거미 수컷은 교미를 하기 위해 암컷에게 다가가다 먹이로 오해한 암컷에게 잡아먹히기도 해요. 거미줄에 먹이가 걸렸을 때와 수컷이 다가올 때 느껴지는 거미줄의 진동 정도가 거의 비슷하기 때문에 이런 비극이 벌어지지요. 이때는 수컷 자신의 몸이 암컷에게 선물로 바쳐지는 셈이에요.

유럽에 살고 있는 서성거미는 암컷의 관심을 끌기 위해 먹이를 거미줄로 둘둘 감싸 선물로 주기도 하지요. 이때 암컷이 포장을 풀고 음식을 먹는 동안에 수컷은 재빨리 다가가 교미를 마쳐요.

서성거미 수컷이 교미를 하기 위해서 선물을 포장하는 데는 이유가 있습니다.
암컷 거미는 종종 짝짓기를 하다 말고 받은 선물을 가지고 달아나기도 합니다. 이때 수컷 서성거미는 긴 다리로 선물을 꼭 움켜쥔 채 죽은 척하는 행동을 합니다. 그러면 암컷은 선물과 함께 매달린 수컷을 질질 끌고

기 때문에 매우 지치게 됩니다. 이때 수컷이 일어나서 지친 암컷을 차지하여 다시 짝짓기에 성공하기도 합니다.

　서성거미 수컷은 때로는 성공적인 짝짓기를 위해서 가짜 선물을 주는 경우도 있는데, 이는 선물이 아예 없는 것보다 가짜 선물이라도 주는 쪽이 낫다는 것입니다.

　동물 세계에서 적에게 공격당하는 것을 피하기 위해 죽은 척하는 사례는 많아도 생식을 위해 죽은 척하는 경우는 없는 것으로 알려져 있었는데, 최근 곤충을 연구하는 학자들에 의해서 처음으로 밝혀졌답니다.

　또한 사람들에게 질병을 옮기는 빈대도 독특한 짝짓기를 하는 것으로 알려져 있습니다.
　수컷 빈대는 짝짓기를 할 때 암컷의 몸 아무 곳에나 생식기를 찔러 넣고 몸 안에 사정을 합니다. 이렇게 암컷의 몸 안으로 들어간 정자들은 몸 안 여기저기를 돌아다니다가 알집에 이르면 수정이 됩니다.
　번식기에 이른 수컷 빈대들은 자기 가까이 있기만 하면 암컷이든 수컷이든 가리지 않고 닥치는 대로 상대방의 몸속에 생식기를 찔러 넣기 때문에 암컷 빈대들은 온몸에 상처를 입기도 하며 심지어 죽는 경우도 있습니다.
　작은 동물 중에서 가장 거친 짝짓기를 하는 것으로는 빈대가 으뜸이라 할 수 있습니다.

찾아보기

가위개미 …………………………… 163	두점박이사슴벌레 ………………… 67
개미누에 …………………………… 160	딜라타타왕대벌레 ………………… 146
겨울나기 …………………………… 20	딱지날개 ………… 45, 64, 95, 109, 121
겹눈 ………………………… 12, 36, 63	레몬개미 …………………………… 165
고유종 ……………………………… 109	로열젤리 ……………………… 36, 39, 41
고치 …………………………… 22, 160	마다가스카르 혜성꼬리나방 ……… 134
곤충요리 …………………………… 27	마다가스카르휘파람바퀴벌레 …… 159
공생관계 …………………………… 165	말라리아 …………………………… 130
기후 변동 …………………………… 90	말레이시아 정글님프 ……………… 146
깊은산부전나비 …………………… 99	매미 ………………………………… 174
꼬마잠자리 ………………………… 54	먹이사슬 ……………………… 24, 48
꽃가루 ………………………… 39, 40	멋조롱박딱정벌레 ………………… 109
꿀 …………………………………… 39	메뚜기 ……………………………… 143
꿀벌 ………………………………… 36, 39	멸종 ………………… 24, 48, 86, 120
나무진 ………………………… 39, 64, 68	모기 ………………………………… 130
나뭇잎벌레 ………………………… 148	목질부 ……………………………… 65
납샘 ………………………………… 36	민벌레 ……………………………… 124
냉광 ………………………………… 50	밀랍 ………………………………… 39
노란잔산잠자리 …………………… 104	바퀴벌레 …………………………… 156
누에 …………………………… 26, 160	반딧불이 …………………………… 49
누에고치 …………………………… 160	버섯개미 …………………………… 163
닻무늬길앞잡이 …………………… 95	번데기 …………… 22, 57, 84, 114
대모잠자리 ………………………… 91	번식률 ……………………………… 158
대벌레 ……………………………… 150	벌꿀 ………………………………… 40
더듬이 ……………… 10, 84, 124, 167	보호 …………………… 48, 70, 86, 120
뎅기모기 …………………………… 132	봉독 ………………………………… 41
뎅기열 ……………………………… 132	부엽토 ……………………………… 68
독침 …………………………… 36, 43	부화 …………… 50, 60, 100, 134, 159

181

불독개미	137	일본뇌염	132
불완전변태	159	자생식물원	120
붉은점모시나비	58	자연 훼손	94
브레비산나 브래비스 매미	140	장구벌레	132
비단벌레	71	장수하늘소	63
빈대	180	제왕매미	142
빨간집모기	132	주홍길앞잡이	79
사냥	108, 110, 155	진딧물	103, 139, 165
산굴뚝나비	75	짝짓기	33, 108, 126, 172, 180
산란	55, 88, 108, 136	참뜰길앞잡이	154
상제나비	87	천연기념물	52, 65, 74, 78
서성거미	178	철써기	150
서식지 파괴	98	큰자색호랑꽃무지	121
쇠똥구리	45	큰홍띠점박이푸른부전나비	113
수염풍뎅이	83	퇴화	124, 172
수질 오염	94	포식자	15
수확개미	165	폭탄먼지벌레	169
신경절	166, 168	프로폴리스	39, 40
알	22, 60	하루살이	172
에오코리도데루스 인크레더빌리스	176	허물벗기	50, 92, 94
여왕개미	174	홑눈	12, 36
영역	55, 94, 108	화분	18, 40, 43
오각뿔장수풍뎅이	151	화학물질	171, 176
완전변태	72	환경오염	43, 57
왕은점표범나비	117	활엽수림	102
위생해충	159	황열병	132
이산화탄소	30, 115	휴면능력	145
인공사육	136	흰개미	176

과학선생님이 들려주는
환경파괴로
사라지는 곤충들

2016년 1월 10일 인쇄
2016년 1월 15일 발행

저　자 : 이광렬
펴낸이 : 이정일

펴낸곳 : 도서출판 **일진사**
www.iljinsa.com

04317 서울시 용산구 효창원로 64길 6
대표전화 : 704-1616, 팩스 : 715-3536
등록번호 : 제1979-000009호(1979.4.2)

값 12,000원

ISBN : 978-89-429-1474-6

* 파본은 교환해 드립니다.